Zé Roberto
Traumpass ins Leben

Zé Roberto

Traumpass ins Leben

Mit Gott auf der Außenbahn

Aufgezeichnet von Stephan Volke

Bibliografische Information Der Deutschen Bibliothek
Die Deutsche Bibliothek verzeichnet diese Publikation in der
Deutschen Nationalbibliografie; detaillierte bibliografische Daten
sind im Internet über http://dnb.ddb.de abrufbar.

2. Auflage 2003
© 2003 by Joh. Brendow & Sohn Verlag GmbH, Moers
Einbandgestaltung: Georg Design, Münster
Titelfoto: Sportfotografie Bongarts, Hamburg
Die Fotos von Zé Roberto und seiner Familie
stammen aus seinem Privatarchiv.
Satz: Satz & Medien Wieser, Stolberg
ISBN 3-87067-982-4
www.brendow-verlag.de

Inhalt

Manchmal werden Träume wahr 7

Kindheitsträume und Albträume 11

Ein Traum wird Wirklichkeit 23

Ausflug nach Europa 31

Mit Jesus in die Bundesliga 39

Freunde fürs Leben 49

Mit Zuversicht von Rio zu Bayer 57

Ein Jahr der Extreme 65

Vom Siegen und Verlieren 71

J 77

Mächtig viel Theater 81

Eine Mannschaft wird geformt 91

Eine Top-Saison – trotz dreimal Vize 97

Eine glücklichere Zukunft im Süden? 107

Tiefen und Höhen 113

Es macht Spaß, ein Meister zu sein 117

Schon am Ende der Träume? 121

Steckbrief 124

Manchmal werden Träume wahr

Fußballspieler in einer großen Mannschaft zu sein: der Traum vieler Jungen. Auch ich habe als Kind viel geträumt, nahe den Slums von Sao Paulo. Dort habe ich auch Fußballspielen gelernt. Barfuß, weil wir zu arm waren, um Schuhe zu kaufen. Meistens bin ich nur zur Schule gegangen, um dort Fußball zu spielen. Als ich am 6. Juli 1974 in der Nähe von Sao Paulo das Licht der Welt erblickte, sah die Zukunft unserer Familie nicht gerade rosig aus. Es war ein ständiger Kampf ums Überleben.

Als Barfuß-Kicker auf den Straßen der Favelas lernte ich das Ballgefühl, und deswegen nennen mich Fachleute und Fußballkollegen „Ball-Virtuose", „Zauberfußballer", „Samba-Fußballer" oder auch „der Vorbereiter". Sicherlich gelingt mir immer mal wieder ein Kabinettstückchen, das so in keinem Lehrbuch steht. Und natürlich macht es mir eine diebische Freude, wenn die gegnerische Abwehr durch einen meiner Pässe „Strafraum in Not" funken muss. Fußball muss Spaß machen – das habe ich schon von Kindesbeinen an gelernt.

Wenn auf spielerische Art Träume wahr werden – was gibt es Schöneres auf der Welt? Nach vier Jahren Bayer Leverkusen und 113 Bundesligaspielen bin ich zur Saison 2002/2003 zum FC Bayern München gekommen. Ich finde es schön, dort wieder mit meinem Freund Michael Ballack zusammenspielen zu können. Schließlich haben wir uns schon in Leverkusen fast blind verstanden, und so manchen „tödlichen Pass" hat Michael dann im gegnerischen Tor versenkt.

Als ich zum FC Bayern wechselte, waren die Saisonziele klar

abgesteckt: Wir wollten Deutscher Meister werden. Und am 26. April 2003 wurde dieser Traum in der Volkswagen-Arena in Wolfsburg wahr. Nach einem 2:0 über den VFL Wolfsburg war es sicher: Deutscher Meister 2003 ist der FCB! Wir hatten eine dominierende Rolle in dieser Saison gespielt und waren bereits nach dem 30. Spieltag uneinholbar an der Spitze. Der 18. Deutsche Meister-Titel der Bayern war zugleich mein erster. Eine unglaubliche Freude kam in mir nach dem Schlusspfiff auf. Meine Gedanken gingen an meine Zeit in Leverkusen zurück, in der ich die Bundesliga erst kennen lernen durfte, um dann in der Saison 2001/2002 in einer Super-Mannschaft Traumfußball zu zelebrieren. Aber was nützen der schönste Fußball, die besten Pässe, die trickreichsten Dribblings und die künstlerischsten Flanken, wenn am Ende wieder nur „Vize" auf der Fahne steht?

Natürlich lief auch in München nicht sofort alles rund. Ich war zunächst verletzt und konnte nicht so spielen, wie ich wollte. Dann kam das unerwartete Aus in der Champions League und für den FC Bayern erhöhte sich dadurch der Druck.

Am Ende der Saison 2002/2003 standen wir mit 16 Punkten Vorsprung zum VfB Stuttgart auf dem 1. Platz und ich durfte endlich mal erleben, wie es ist, mit der Meisterschale auf dem Marienplatz in München zu feiern. Schon im Stadion war eine unglaubliche Stimmung, aber dieses Erlebnis in der Innenstadt werde ich wohl nie vergessen. Es war ein weiterer Traum, der für mich in Erfüllung gegangen ist. Von anderen Träumen erzähle ich in diesem Buch. Im Pokal sind wir auch ins Finale gekommen, und haben den Pott mit einem 3:1-Sieg über Kaiserslautern nach München geholt.

Dieser erste Deutsche Meister-Titel war für mich etwas ganz Besonderes: Nach einem Vereinswechsel mit dem neuen Verein am Ende der ersten Saison direkt die runde Schale küssen zu dürfen, das ist schon ein irres Gefühl. Und den Pokal habe ich auch äußerst gerne in meine Arme geschlossen. Schließlich waren wir mit Leverkusen im Vorjahr an beiden Titeln extrem dicht dran.

Ich bin dankbar für diese Saison mit Bayern München. Wenn ein Junge aus den Armenvierteln von Sao Paulo einen solchen Lebensweg einschlagen kann wie ich, dann hat das mit Glück, Zufall oder guten Fügungen wenig zu tun. So, wie ich meine fußballerischen Fähigkeiten als Geschenk Gottes sehe, so bin ich auch überzeugt, dass ich Gott für diese erste Deutsche Meisterschaft zu danken habe. Wer Interviews mit mir gelesen hat, der hat bereits gemerkt, dass es für mich mehr zwischen Himmel und Erde gibt als nur ein rundes Leder. Auch davon will ich in diesem Buch erzählen.

„Traumpass ins Leben" ist doppeldeutig zu verstehen. Natürlich lege ich mein Spiel auf der Außenbahn so an, dass mir „traumhafte Pässe" gelingen. Wenn ich dadurch andere gut ins Spiel bringen kann und sie die Tore schießen, fühle ich mich fast genauso gut, als ob ich das Tor selbst geschossen hätte. Ich möchte auf den folgenden Seiten auch einiges über meine Art, Fußball zu spielen, weitergeben.

„Traumpass ins Leben" will aber mehr. Es soll deutlich machen, dass es nicht immer nur auf die Vorlage ankommt, die einer für sein Leben bekommt. Meine war in der Kindheit nämlich nicht gerade traumhaft, sondern ziemlich „vergurkt". Auch davon erzähle ich in diesem Buch. Ich möchte hier für meine vielen Fans, denen ich immer wieder vor und nach den Spielen begegne, die mich um Autogramme bitten oder mir einfach kurz auf die Schulter klopfen, mein eigenes Leben öffnen. Es tut gut, viele Fans zu haben. Wo es geht, nehme ich mir Zeit für die „kleinen Begegnungen am Spielfeldrand". Es vergeht kein Tag auf der Trainingsanlage an der Säbener Straße, wo nicht Trauben von Fans auf uns Spieler warten, um ein Autogramm zu ergattern oder sich mit uns fotografieren zu lassen. So etwas kann schon mal Zeit rauben und auch lästig sein, weil es permanent geschieht. Aber wo es geht, stehe ich dafür zur Verfügung. Ich empfinde es als große Ehre, dass so viele Fans von mir ein Autogramm oder ein Foto mit mir haben wollen.

In „Traumpass ins Leben" werde ich auch Einblicke in meine Gedanken neben dem Fußballplatz zulassen. Dabei setze ich auf Ehrlichkeit und Offenheit. Es geht mir nicht um Sensation und Aufsehen erregende, scheinbare Enthüllungen. Es gibt von mir keine halbseidenen Fotos und keine versteckten Tattoos zu sehen. Stattdessen möchte ich hier erzählen, was meine Herzenssache ist.

Ich wünsche mir, dass diese „Inneneinsichten von der Außenbahn" deutlich machen, was mich als Fußballer und als Mensch immer wieder in Bewegung hält. Ich erzähle von Höhen und Tiefen, von Traumpässen und Fehlpässen, von meiner Familie, meiner Kindheit und der bezauberndsten Frau meines Lebens, von zwei kleinen Wesen, die mein Leben verändert haben. Natürlich bringen die nächsten Seiten auch jede Menge Gedanken über ein rundes Leder, das nichts dagegen hat, wenn ich es mit sehr viel Gefühl und wohldosierter Power über den grünen Rasen trete und es schließlich wie ein gefangener Fisch im Netz zappelt ...

Willkommen in meiner Welt!

Kindheitsträume und Albträume

Ich denke oft an meine Kindheit zurück. Gerade in den Momenten, in denen wir Siege feiern, erinnere ich mich, wie es früher war, als ich noch in unmittelbarer Nähe der Favelas vor der brasilianischen Großstadt Sao Paulo mit vielen anderen Kindern gegen alles getreten habe, das sich zum Ball umfunktionieren ließ. Es war für uns äußerst schwierig, auf der Straße mit einem guten Ball zu spielen, weil es fast unmöglich war, überhaupt an einen vernünftigen Ball ranzukommen. Wir hatten oft nur kaputte Bälle oder wir mussten uns selbst welche zusammenflicken. Damals habe ich oft davon geträumt, es käme jemand vorbei und würde uns fußballverrückten Kids einfach mal einen Ball schenken. So einen richtigen aus Leder, dem nicht nach den ersten fünf Tritten die Luft ausgeht. Mein erster Ball war übrigens aus Papier und hielt nicht bis zum Abpfiff.

Manchmal schaue ich in ungläubige Gesichter, wenn ich erzähle, wie wir als Kinder gelebt haben. Ich glaube, dass es für Europäer sehr schwer ist, sich vorzustellen, wie sich das Leben in den Favelas so abspielt. Es hat mit der europäischen Lebensart nicht das Geringste zu tun. Leben in den Favelas, das heißt für viele Menschen dort, dass sie nicht wissen, ob sie die nächste Nacht überleben. Es ist ein Leben voller Unannehmlichkeiten, und gerade die Kinder werden von einer Ecke in die andere geschubst. Es gibt unglaublich viel Kriminalität und den Kampf ums Überleben haben selbst kleinste Kinder schnell gelernt. Banden spezialisieren sich aufs Ausrauben naiver Touristen, die meinen, sie müssten auch mal „den Abstieg in die arme Welt" wagen. Doch das tun viele nur einmal in ihrem Leben. Es wird mit Drogen gedealt, um ans große Geld zu kommen. Jeden Tag könnte die Polizei Sonderschichten fahren, um die Kriminalität zumindest etwas einzudämmen. Für viele Familien ist dies ein Teufelskreis. Einmal Dieb, immer Dieb. Es ist nicht einfach, die guten Seiten des Lebens zu erkennen, wenn der Magen knurrt.

In diesen Gegenden sind viele Familien völlig zerrüttet. Selbst im engsten Familienkreis geht es oft nur darum, wer diesmal was zu essen bekommt oder wer bis zum nächsten Tag warten muss. Kinder in den Favelas haben es extrem schwer. Die Zukunftsaussichten sehen so aus: Zu 90 Prozent werde ich kriminell, weil fast alle kriminell sind. Und dann kommt die unmittelbare Nähe zur Großstadt hinzu. Wobei Vergleiche mit Köln, Hamburg oder München hier nicht passen. Sao Paulo hat heute etwa 16,6 Millionen Einwohner, die fast 10 Prozent der Gesamtbevölkerung Brasiliens bilden. Sao Paulo ist eine gigantische Stadt und ein Touristenmagnet. Nach Tokio und Mexiko City ist sie die drittgrößte Stadt der Welt. Ein Schmelztiegel, in dem es Tag und Nacht brodelt. Viele lieben die Faszination des Gigantischen. Für mich war die Stadt früher nur wichtig, weil es dort mehrere Fußballvereine gab, für die ich irgendwann einmal spielen wollte.

Ich bin in Sao Miguel Paulista aufgewachsen, einem sehr armen Stadtteil im Ostviertel von Sao Paulo. Es war nicht direkt in den Slums, aber ganz dicht dabei. Der Alltagskampf ließ mir nicht viel Zeit für Träume, aber Fußball animierte mich immer zum Träumen. Zu dieser Zeit musste ich ständig um meine Ideale und Träume kämpfen. Ich habe davon geträumt, meiner

Mutter ein besseres Leben ermöglichen zu können. Ich habe davon geträumt, selbst ein besseres Leben führen zu können und irgendwann einmal eine eigene Familie zu haben. Und natürlich habe ich davon geträumt, eines Tages Profi-Fußballer zu werden! Wer mich heute auf der linken Außenbahn über den Platz fegen sieht und mich privat etwas kennen gelernt hat, der weiß: Alle diese Träume sind in Erfüllung gegangen.

Bevor ich jetzt aber aushole und den Weg bis dahin beschreibe, möchte ich noch ein wenig über mein Land erzählen:

Brasilien – für viele das Land ihrer Träume. Sie stellen sich die Copa Cabana vor, Rio de Janeiro oder unendliche Regenwälder. Doch die Geschichte dieses Landes ist sehr leidvoll. Es ist ein ständiges Auf und Ab zwischen Verarmung und brasilianischem Wirtschaftswunder. Letzteres war von 1968 bis 1973 tatsächlich geschehen, aber als ich am 6. Juli 1974 als José Roberto da Silva Junior geboren wurde, hatte meine Familie immer noch nichts von den positiven wirtschaftlichen Entwicklungen mitbekommen.

Das Leben bei uns zu Hause war einfach und beschwerlich. Neben meinen Eltern und mir lebten noch fünf Geschwister in unserer äußerst bescheidenen Wohnung, dazu noch drei Neffen. Ich musste mit drei anderen in einem Zimmer wohnen. Aber die meiste Zeit lebte ich ja ohnehin auf der Straße. Es war extrem schwierig, eine bezahlte Tätigkeit zu finden. Ich kann mich nur daran erinnern, dass meine Mutter immer arbeitete. Nachdem unser Vater eines Tages das Weite suchte, stand sie ganz alleine da. Sie hatte ihre liebe Not, genügend Nahrung für so viele hungrige Mäuler herbeizuschaffen. Zeitweise hatte sie zwei bis drei Jobs parallel.

Unsere Wohnung war ziemlich klein, und so blieb mir und meinen Geschwistern gar nichts anderes übrig, als auf der Straße aufzuwachsen. Es gibt keine Bilder aus dieser Zeit, denn für einen Fotoapparat hatten wir natürlich kein Geld. Aber wer wissen will, wie unser Haus damals aussah, der sollte sich eine vergrößerte Blechhütte vorstellen, wie sie hier in Deutschland für die Gartengeräte benutzt wird. In das Blech waren ein paar Fenster reingeschnitten und das Dach war ein bisschen löcherig. Bei Regen war es egal, ob man draußen oder drinnen war, nass wurde man in jedem Fall ...

Meine Geschwister heißen Ailton, Robson, Carlos Roberto (bitte in dieser Reihenfolge!), Andréia und Rejane. Trotz unserer Armut kann ich nicht sagen, dass ich eine unglückliche Kindheit erlebt habe, denn auf den Straßen war immer etwas los. Wir spielten Fußball oder bastelten uns aus irgendwelchem Material Drachen oder anderes Spielzeug.

Ich ging nicht gerne zur Schule, mich interessierte nur Fußball. Das Lernen von Lesen, Schreiben, Rechnen fand ich nicht halb so spannend wie das Erlernen der neuesten Tricks und das Training von genauen Flanken. Die schönsten Schultage waren die, an denen wir Sportunterricht hatten, denn dann wurde in der Schule Fußball gespielt. Was allerdings an der Schule ganz angenehm war: Dort gab es oft etwas zu essen. Und weil wir zu Hause nicht so viel hatten, füllte ich mir dort den Magen.

Unsere Mutter legte uns immer ein wenig Geld hin, bevor sie zur Arbeit ging. Das reichte dann für ein Stück Brot und ein Ei. Aber ein Junge, der wächst, braucht etwas mehr zum Sattwerden. Und dafür sorgte die Schule. Also gingen wir – wenn auch oft widerwillig – hin, denn dort gab es zwei Dinge, die für mein Überleben sorgten: Essen und Fußball.

Aber wir haben trotz allem viel Spaß gehabt, vor allem mit meinem Bruder Ailton, den wir einfach Kiko nannten. Gemeinsam mit ihm und unserem Freund Tinho (der für uns wie ein Bruder ist) sind wir am Wochenende zur Fußballschule „Pequeninos do Joquey" gegangen. Wir waren dort Mitglieder und spielten da immer Fußball. Um zum Trainingsplatz zu kommen, mussten wir mit zwei Buslinien und einer U-Bahn fahren. Unsere Mutter hatte immer Schwierigkeiten, das Geld für die eigentlich billige Busfahrt zusammenzukratzen. An einem Samstagnachmittag – SaoPaulo war mit Menschen überfüllt, wie das immer am Wochenende ist – schafften wir es gerade noch, den letzten Bus zu erreichen. Tinho hatte das Geld für die Fahrkarte unter seinen Sportklamotten in der Tasche vergraben. Wir waren damals ungefähr 11 oder 12 Jahre alt und hatten ganz einfache Klamotten, die wir meistens von anderen Leuten bekommen hatten. In der Sporttasche von Tinho waren also seine Fußballschuhe, die schmutzigen Fußballsachen und einiger Krimskrams. Wir waren mitten in der überfüllten Innenstadt. Tinho kippte den Inhalt seiner Tasche einfach auf den Boden, um das Geld zu finden. Die Sportsachen waren extrem dreckig und die Leute, die uns so sahen, dachten sicherlich, dass wir Bettler wären. Plötzlich kam ein Passant auf uns zu und warf Tinho ein paar Münzen in die Tasche. Wir lachen heute noch über die Situation. Mitten in Sao Paulo mit einem Haufen dreckiger Fußballsachen um uns herum. So schnell wird man zum Bettler ...

Es gibt noch andere gute Freunde aus dieser Zeit als Jugendlicher. Viele von ihnen haben es geschafft, eine Arbeit zu finden, und wenn ich in der spielfreien Zeit in Brasilien bin, treffen wir uns zum ausgedehnten Reden. Ich glaube, viele meiner Freunde sehen in mir heute noch denselben Zé Roberto, der ich damals war. Mein Spitzname früher war Cá. Ich denke, sie akzeptieren mich heute nicht nur als Zé Roberto, sondern immer noch als Cá, der mit ihnen gelebt und gespielt hat. Es ist ihnen völlig egal, ob ich Fußballspieler bin oder nicht. Immer, wenn ich es irgendwie einrichten kann, treffe ich mich im Urlaub mit Freunden von damals. Wir finden immer ein bisschen Zeit, um ein „Churrasco" (eine Grillfete) machen zu können. Dabei wird auch von „vergangenen Tagen" erzählt und alte Erlebnisse aus der Kindheit werden ausgegraben. Es macht einfach Spaß, mit guten und alten Freunden zusammen zu sein.

Mein Bruder Robson hat für uns immer Fußballspiele mit anderen Mannschaften vereinbart. Wie schon erwähnt, war es zu dieser Zeit bei uns unheimlich schwer, einen Plastikball zu ergattern. Wir spielten grundsätzlich mit kaputten Bällen. Und wenn wir dann mal einen halbwegs guten Ball hatten und der landete zufällig in Nachbars Garten, kam es öfter vor, dass die den dann aus reiner Wut kaputtstachen. Wer so etwas mehrmals in seiner Kindheit erlebt hat, der sieht zu, dass die Flanken beim nächsten Mal ankommen ...

Mein Bruder wusste, dass unsere Mannschaft sehr gut spielte, daher schloss er bei den kleinen Turnieren immer Wetten auf uns ab. Wir gewannen fast immer, weil wir einfach gut waren. Aber wie Brüder manchmal so sind, gab er uns von dem gewonnenen Geld nichts ab. Nach erfolgreichen Spielen kaufte er uns höchstens mal einen Lutscher oder spendierte mal – sehr großzügig – eine Limonade. Das war's. Heute können wir darüber lachen – und trotz der schweren Zeit zu Hause kann ich rückblickend sagen, dass wir eine wirklich schöne Kindheit erlebt haben.

Wir mussten uns als Teenies so durchschlagen und haben verschiedene Jobs ausgeübt. Einmal war ich mit einem Freund aus den Favelas unterwegs, um Arbeit zu suchen. Irgendwann hatten wir keine Lust mehr, zu Fuß zu gehen, und schmuggelten uns in einen Bus. In Brasilien war es zu der Zeit so, dass man hinten in den Bus einsteigen und dann durch ein Rondell gehen musste, um beim Fahrer zu bezahlen. Wir hielten uns an der Tür auf. An der nächsten Haltestelle – so hatten wir vorher ausgemacht – würden wir den Bus schnell verlassen, wenn ein anderer einsteigen wollte. Gesagt – getan. Ich war schnell draußen, aber als mein Freund gerade rauswollte, merkte der Fahrer, was wir vorhatten, und schloss einfach die Tür. Mein Freund blieb mit einem Fuß in der Tür hängen. Der Busfahrer wollte uns offensichtlich eine Lektion erteilen und fuhr einfach langsam los. Mein Freund hüpfte auf einem Bein neben dem anfahrenden Bus her, bis er schließlich seinen Fuß freistrampeln konnte und nach ca. zehn Metern auf den Bürgersteig fiel. Es sah so lustig aus, dass ich mich halb tot gelacht habe. Ich fragte ihn, ob wir dieses kleine Buserlebnis vielleicht bei den Kameraden mal zum Besten geben sollten, aber er wollte es auf keinen Fall. Ich glaube, in den Favelas würde heute noch über uns gelacht ...

Andere Erlebnisse aus meiner Kindheit sind nicht so spaßig: Viele Kinder in Europa werden von ihren Eltern gefördert. Ihre Väter gehen mit ihnen zum Fußballplatz und feuern sie während der Spiele an. Die ersten Schuhe kauft Papa und das Trikot mit der entsprechenden Farbe des Lieblingsvereins oder der Rückennummer des geliebten Stars liegt an Weihnachten unterm Baum. Von so etwas hätte ich nie zu träumen gewagt, denn dafür fehlte mir wirklich die Vorstellungskraft.

Eine richtige Beziehung zu meinem Vater hatte ich eigentlich nie. Als ich noch klein war, hat er mich zumindest zur Kenntnis genommen. Er hatte nie viel Kontakt mit uns Kindern. Er hat uns keine besondere Aufmerksamkeit geschenkt, denn wir waren ihm nicht halb so wichtig wie der Alkohol. Und davon nahm er kräftig zu sich. Leider hatte das zur Folge, dass er ständig betrunken war. Wenn er von seinen Sauftouren nach Hause kam, fing er jedes Mal einen heftigen Streit mit meiner Mutter an. Das war nicht üblich in unserer Wohngegend. Ich habe selten aus unserem Umfeld von Vätern gehört, die ständig betrunken waren. Deshalb war ich sehr traurig als Kind, denn ich hätte gerne einen Vater gehabt, der sich um uns kümmerte. Er hat mir richtig gefehlt! Heute versuche ich übrigens, für meinen Sohn ein Vater zu sein, wie ich ihn mir gewünscht hätte. Natürlich habe ich als Profifußballer nicht sehr viel Zeit, denn wir haben neben den Spielen immer irgendwelche Verpflichtungen von Seiten des Vereins zu erfüllen. Aber ich versuche, so viel Zeit wie nur irgend möglich mit meiner Familie zu verbringen und für meine Kinder ein guter Vater zu sein, der sich wirklich um sie kümmert.

Als ich ungefähr 13 Jahre alt war, hat mein Vater unsere Familie verlassen. Meine Mutter stand plötzlich ganz alleine da. Wir konnten das zunächst überhaupt nicht begreifen. Wir waren alle in der Familie sehr geschockt. Wie sollte es nun weitergehen? Wenn wir nicht eine so starke Mutter gehabt hätten, dann weiß ich nicht, wo wir gelandet wären.

Nachdem unser Vater sich verflüchtigt hatte, meinte ich, selbst für mich sorgen zu müssen. Ich kam in Kontakt zu einigen Jungs, die in einer Gang waren. Sie waren gut im kostenlosen Besorgen aller möglichen Dinge, die ihnen nicht gehörten. Und auch ich habe ab und zu in Supermärkten Süßigkeiten und andere Kleinigkeiten in meinen Hosentaschen verschwinden lassen. Wenn wir erwischt wurden, dann kam es nur noch auf eins an: Wer konnte aus dem Stand die nächsten hundert Meter in Bestzeit sprinten? Vielleicht habe ich meine Lauffähigkeiten aus dieser Zeit mitgebracht. Irgendwie mussten wir in jeder Beziehung für unser Überleben sorgen.

Bei mir blieb es beim „kleineren Mundraub", aber meine Kumpels aus der damaligen Clique dealten auch mit Drogen. Zwei meiner Freunde wurden brutal getötet. Sie hatten sich auf Drogen eingelassen und mehrere Diebstähle begangen. Als ich davon hörte, war das ein großer Schock für mich. Aber Gott sei Dank ein sehr heilsamer. Ich hatte immer gehofft, dass sie von dieser Gang loskommen und eines Tages einen anderen Weg einschlagen würden. Leider wurde das nie Wirklichkeit, weil sie von anderen erschossen wurden. Ich hatte eine sehr enge Beziehung zu ihnen. Das Eigenartige daran war, dass diese beiden Freunde eigentlich in besseren Verhältnissen aufgewachsen waren als ich. Ihre Eltern waren zusammen und die Familie führte ein besseres Leben als wir. Mein Vater hatte uns ja verlassen, aber bei ihnen war es so, dass ihr Vater immer nach ihnen schaute und sich um sie kümmerte.

Nach dem Tod der beiden Kumpels fing ich an, über mein Leben nachzudenken und bewusst etwas zu verändern. Einen großen Anteil daran hatte auch meine Mutter, aber das will ich im Einzelnen später noch erzählen. Sie hat sich krumm gelegt, damit ich Fußball spielen konnte. Heute kann ich ohne Übertreibung sagen: Wenn meine Mutter nicht gewesen wäre, wäre ich nie Fußball-Profi geworden! Sie ist eine außergewöhnliche Frau.

Wenn ich von ihren Eigenschaften schreiben sollte, würde dieses Buch bei weitem nicht ausreichen. Sie hat unsere Familie durch viele Schwierigkeiten geführt, was besonders schwer war, nachdem unser Vater uns verlassen hatte. Denn da war für sie klar, dass sie nicht darauf hoffen konnte, dass noch ein anderer sich um unsere Familie kümmern würde. Sie hatte oft mehrere Jobs parallel, um uns versorgen zu können. Immer wieder stand sie auch vor verschlossenen Türen und musste neue Wege finden, um uns alle gut durchzubringen. Sie hatte den entscheidenden Einfluss auf mich, dass ich nicht kriminell geworden bin wie so viele meiner Freunde. Sie war und ist ein Vorbild für mich. Gerade nachdem unser Vater die Familie verlassen hatte, musste sie kämpfen. Und sie hat sich nicht – wie viele andere Frauen in unserem Viertel – sofort einen „neuen Mann besorgt". Sie hat immer danach gestrebt, uns Kindern ein besseres Leben zu ermöglichen, und heute kann sie von sich behaupten, dass sie das mit Bravour geschafft hat. Meine Schwester Andréia ist verheiratet und arbeitet als Krankenpflegehelferin, einer meiner älteren Brüder ist Börsenmakler in Sao Paulo, der andere arbeitet bei einem Sicherheitsdienst von einer Firma, und einer lebt noch bei ihr zu Hause. Leider ist meine Schwester Rejane vor einigen Jahren bei der Geburt ihres Kindes gestorben.

Als ich noch ein Kind war, hat meine Mutter mich immer ermutigt. Nach schlechten Spielen fand ich bei ihr stets ein offenes Ohr. Sie trieb immer irgendwie das Geld auf und manchmal sogar verkaufte sie persönliche Habseligkeiten, damit ich mit dem Bus zum Training fahren konnte. Wenn sie das nicht für mich getan hätte, würde ich heute vielleicht ganz anders mein Geld verdienen müssen. Als Jugendlicher habe ich mal als Bürobote gearbeitet. Vorher hatte ich Müllsäcke an Türen verkauft oder Spielzeuge gebastelt, um sie auf einem Markt zu verkaufen.

Als ich als Teenie in dem Verein „Pequenios do Joquey" spielte, haben wir immer wieder an Meisterschaften teilgenommen. In vielen Orten Brasiliens gab es solche Kinderturniere, und weil unser Verein gute Spieler hatte, gewannen wir auch oft. Damals hatte ich übrigens meine erste Begegnung mit Europa, denn wir nahmen zweimal an Turnieren in Schweden, Dänemark und Finnland teil. 1987 und 1990 holten wir einige Pokale. Wenn ich heute so darüber nachdenke, kann ich es eigentlich gar nicht richtig begreifen, dass ein Junge wie ich damals mit einer Fußballmannschaft nach Europa fliegen durfte, um an Jugendturnieren teilzunehmen. Ich hatte eigentlich keine Chance, aus meinem Wohnviertel wegzukommen, aber der Fußball hat es geschafft, dass ich als Jugendlicher nach Europa fliegen konnte! Das ist doch unglaublich, oder? Es war eine sehr schöne Zeit, an die ich mich sehr gerne zurückerinnere.

Damals habe ich auch den Spitznamen Cá bekommen. Jeder bei uns im Viertel hatte irgendeine Abkürzung als Spitznamen. Niemand wäre auf die Idee gekommen, zu rufen: „Hallo, José Roberto da Silva Junior, willst du mitspielen?" Also: Erstens brauchte man mich nicht erst zum Mitspielen aufzufordern und zweitens nannten sie mich ohnehin Cá. Ich habe später einmal meine Mutter gefragt, wie es zu dem Namen Cá gekommen ist. Meine Brüder fühlten sich gezwungen, mir reinen Wein einzuschenken. Cá, so sagten sie, sei die Abkürzung eines portugiesischen Wortes, das übersetzt „großer Kopf" bedeutet. Vielleicht heißt es auch „Dickkopf". Ich weiß es nicht, jedenfalls hatten sie alle reichlich Spaß, als sie mir das sagten.

Als ich dann anfing, professionell Fußball zu spielen, haben mich meine Mitspieler in Zé Roberto umgetauft, was die Abkürzung von José ist. Dieser Name gefällt mir selbst sehr gut!

Mit den Namen, das ist ohnehin ganz witzig. Die meisten brasilianischen Spieler haben ja solch einen Künstlernamen. In der Saison 2002/2003 spielten 22 Brasilianer in der Bundesliga. Nur sehr wenige von ihnen unter ihrem richtigen Namen. Das hat Geschichte. Und oft stecken sogar Geschichtchen dahinter, wie zum Beispiel bei Dunga. Der spielte ja auch in der Bundesliga. Die meisten werden das Märchen von Schneewittchen und den sieben Zwergen kennen. Dasselbe Märchen gibt es auch in Brasilien. Bei den Zwergen ist einer dabei, der immer sehr ruhig ist und nur dann den Mund aufbekommt, wenn es sich nicht mehr vermeiden lässt. Dieser Zwerg heißt in Brasilien Dunga. Ich weiß jetzt nicht, warum, aber in seiner Kindheit müssen die Freunde wohl gedacht haben, dass unser Dunga ein bisschen zu ruhig sei, jedenfalls heißt er seitdem Dunga. Wer ihn in der Nationalelf oder beim VfB Stuttgart erlebt hat, dürfte die Herkunft seines Namens nicht ganz nachvollziehen können. Schließlich war er ja sogar Kapitän des brasilianischen Nationalteams. Aber so ist es in Brasilien. Alles ist ein bisschen verspielt, mit Herz, nichts wird wirklich so ernst genommen, dass es nicht für ein Späßchen reicht. Und wenn's eins mit Dunga ist ...

Ein Traum wird Wirklichkeit

Ich weiß nicht mehr warum, und ich weiß auch nicht mehr, wie es genau passiert ist, aber eines Tages war es so weit: Ein Traum wurde Wirklichkeit. Meine Mutter erzählte mir begeistert, dass man bei den Vereinen Portuguesa und Corinthians einen Aufnahmetest machen konnte. Ich war damals 14 Jahre alt. Ich hatte gerade mal wieder keine Arbeit und so konnte mich nichts daran hindern, diese einmalige Chance auszuprobieren. Zunächst ging ich zu Portuguesa zum Probetraining. Es war ein paar Tage vor dem bei den Corinthians. Meine Güte, war da was los! Über 1000 Jugendliche standen auf dem Platz und wollten vorspielen. Das kam mir reichlich zu viel vor. Vor allem konnte ich mir nicht vorstellen, wie ich bei dieser Masse an Kindern zeigen sollte, was ich draufhatte. Wir wurden in Teams von jeweils sechs Spielern aufgeteilt. Dann gab es jeweils Spiele von fünf Minuten, in denen man zeigen sollte, was man kann. Und dann wurde ausgesiebt. Nur sehr wenige Kinder kamen in die nächste Runde. Da ging es dann wieder nach derselben Prozedur weiter, bis irgendwann nur noch 8 Kinder übrig blieben.

Ich spielte also mit fünf anderen Kindern gegen eine andere Kindermannschaft. Als dann die Namen der Kinder aufgerufen wurden, die eine Runde weiterkommen sollten, wurde mein Name nicht genannt! Meine Mutter war darüber so sauer, dass sie gemeinsam mit der Mutter eines anderen Kindes die Trainer regelrecht fertig machte. Ihrer Meinung nach war das Auswahlverfahren unfair gewesen, weil ihr Zé in dieser kurzen Zeit gar nicht sein wirkliches Können zeigen konnte. Irgendwie muss sie zum Ende hin doch noch den richtigen Ton gefunden haben, denn ich wurde eingeladen, noch einmal vorzuspielen. Und diesmal kam ich in die nächste Runde. Meine Mutter schleppte mich also einige Wochen später wieder zum Trainingsgelände von Portuguesa. Was mir da begegnete, kannte ich irgendwie schon. Und es gefiel mir überhaupt nicht. Denn wieder standen da 1000 Kinder um den Platz und wollten vorspielen. Bis zu diesem Tag hatte ich immer wieder davon geträumt, und es gab nichts Größeres für mich als den Wunsch, Fußballprofi zu werden. Jetzt stand ich da mit all den anderen auf dem Platz und dachte nur: „Was soll das hier werden? Wie soll ich zeigen, was ich kann?"

Wäre meine Mutter nicht gewesen, ich hätte an Ort und Stelle kehrtgemacht und wäre wieder zu meinen Straßenfußballern zurückgegangen. Aber sie bestärkte mich und machte mir Mut, dass ich es diesmal packen könnte. Und so war es dann auch.

Es war wie ein Etappenziel, aber ich war noch nicht über die Ziellinie gekommen. Ich war meiner Mutter so dankbar, dass mir auch heute noch die Worte dafür fehlen. Immer hatte sie darauf geachtet, dass ich zum Training in der Kindermannschaft gehen konnte. Und jetzt stand ich hier noch einmal inmitten von 1000 anderen und sollte mein Können unter Beweis stellen. Wie sollte das gehen? Ein paar Kabinettstückchen vorführen, ein paar Mal den Ball ins Netz knallen und dann die Ernennungsurkunde entgegennehmen? Ich war gespannt wie ein Flitzebogen. Aber realistisch betrachtet, wusste ich, dass es sehr schwer werden würde, hier bei den Besten zu sein. Auch diese Runde überstand ich. Es sollten noch drei bis vier weitere Testrunden folgen.

Und dann kam der Moment, wo wir zum Vereinshaus eingeladen wurden, um zu erfahren, wer dabei war. 25 aus 1000 waren es bei der letzten Runde gewesen, und von diesen 25 sollten nur 7 oder 8 dann in den Jugendkader von Portuguesa aufgenommen werden. Ich weiß selbst nicht, wie das passiert ist, aber José Roberto da Silva Junior war plötzlich dabei. Als ich mit meiner Mutter gemeinsam im Büro des Trainers saß und er uns mitteilte, dass sie mich ausbilden wollten, flippte ich völlig aus! So etwas hatte ich mein ganzes Leben noch nicht erlebt: Ich war dabei!!! Das war einfach nicht zu fassen. Mein größter Kindertraum sollte Wirklichkeit werden. Ich kann überhaupt nicht beschreiben, was das für mich bedeutet hat. Es war einfach gigantisch.

Das hatte weitreichende Konsequenzen für mein Leben! Die erste wesentliche Veränderung: Ich bekam von dem Moment an finanzielle Unterstützung durch den Verein. Jetzt musste nicht mehr meine Mutter für die Fahrten zum Training aufkommen, sondern das übernahm der Verein. Einige Zeit später sollte ich mein Zuhause verlassen, um in einem Fußballjugendinternat zu leben. Als ich dann Profi wurde, meinte der Verein, er müsse dafür sorgen, dass ich etwas mehr Gewicht zunahm, weil ich zu schmächtig war. Sie quartierten mich in einem Hotel ein und sorgten dafür, dass ich immer „ordentlich was auf dem Teller" hatte. Das war auch unglaublich. Wäre eine gute Fee an meine Wiege gekommen und hätte mir das damals gesagt, ich hätte es nicht geglaubt!

Ich kann auch heute die Gefühle von damals gar nicht richtig beschreiben. Ich merkte auf einmal, dass ein Traum Wirklichkeit wurde. Ich glaube, es gab damals auf der ganzen Welt keinen Menschen, der so glücklich jeden Tag zum Training ging wie ich. Ich schwebte über dem Boden, weil mein Traum Realität wurde.

Ich hatte die Chance, unter professionellen Bedingungen zu trainieren. In der Jugendmannschaft gab es sehr gute Trainer. Sehr wahrscheinlich kann man sich das hier in Europa gar nicht so vorstellen, welche Auswirkungen Reich und Arm in einem Land wie Brasilien auf den Umgang miteinander haben. Bei vielen Jugendmannschaften wird das Team danach aufgestellt, welche Eltern von den Spielern das meiste Geld haben. Es könnte ja dabei auch etwas für den Trainer abfallen ...

So etwas habe ich auch erleben müssen. Da haben einige Trainer gar nicht darauf geachtet, wer am besten spielte oder wer im Training gute Leistungen brachte, sondern die Mannschaft wurde nach dem finanziellen Stand der Eltern oder aus reiner Freundschaft zu den Eltern aufgestellt. Ich befürchte, dass das heute immer noch in vielen Vereinen so ist, und das nicht nur in Brasilien.

Manchmal frage ich mich, ob diese Betreuer oder Trainer überhaupt einen Gedanken daran verschwenden, dass sie durch ihr Verhalten Kinderträume zunichte machen. So etwas ist wirklich böse, denn die Kinder aus ärmeren Familien können selbst doch nichts dafür, dass die Eltern nicht reich sind. Sie können aber trotzdem – oder gerade deshalb – einen tollen Fußball spielen. Wer als Trainer persönliche Vorlieben über die Professionalität stellt, sollte besser einen Beruf wählen, wo er nicht so viel kaputtmachen kann. Ich hatte – Gott sei Dank! – das Glück, Trainer zu haben, die das Talent eines jungen Fußballers erkannten, ohne zuerst ins Portemonnaie des Vaters zu schauen. Aber ich kenne viele Fußballspieler, die immer noch zu kämpfen haben, weil sie von Jugendtagen an mit unprofessionellen Trai-

26

nern und Betreuern zu tun hatten. Viele Talente werden so behindert oder sogar kaputtgemacht.

Mein Weg führte mich über das Jugendinternat und die Jugendmannschaft schließlich in den Profikader von Portuguesa Sao Paulo.

Eines Tages unterschrieb meine Mutter für mich den ersten Profivertrag. Damals war ich 19 Jahre alt. Ich kann mich noch sehr gut an mein erstes Ligaspiel erinnern. Wir spielten gegen Horizonte. Ich war sehr nervös vor meinem ersten Einsatz im Profiteam. Schließlich hatte ich früher die 1. Liga immer sehr aufmerksam verfolgt und wollte gerne einmal selbst in so ein großes Stadion einlaufen. Jetzt sollte es so weit sein. Mir war ein bisschen mulmig zumute, denn mein direkter Gegenspieler war Edmundo. Er spielte in der Nationalelf und ich hatte mächtig Respekt vor ihm. Ich kann mich nicht mehr an die Einzelheiten des Spiels erinnern, aber es war so, dass Edmundo gegen mich keine Schnitte bekam und ich der beste Spieler auf dem Platz gewesen bin. Sehr wahrscheinlich hat sich meine ganze Anspannung in Energie verwandelt und ich konnte so ein gutes Spiel machen. Ich war überglücklich – und meine Mutter weinte vor Freude. Mein erster Auftritt in der ersten Mannschaft hatte übrigens Folgen, denn von diesem Zeitpunkt an war ich Stammspieler in der Elf.

Damals waren Roque und Tico meine besten Freunde. Sie spielten mit mir und waren die Teamkollegen, mit denen ich mich am besten verstand. Heute spielen sie immer noch in Brasilien. Leider hatten sie nicht das Glück, zu einem großen Verein in Europa oder im anderen Ausland zu wechseln. Immer wenn es eine Möglichkeit gibt, treffen wir uns und erzählen von unserer schönen, gemeinsamen Zeit bei Portuguesa.

Vorbilder. Viele brauchen sie, um sich selbst anzuspornen. Wenn man mich nach meinen Vorbildern fragt, dann komme ich zuerst gar nicht auf einen Fußballer. Auch auf die Gefahr hin, dass jetzt einige Leser innerlich abschalten, aber: Mein größtes Vorbild ist meine Mutter, Maria Andrezima. Und das hat nichts mit Muttersöhnchen oder Weichei zu tun, sondern einfach mit der Tatsache, dass sie viele Entbehrungen auf sich genommen hat, um ihrem Cá das Fußballspielen zu ermöglichen.

Aber auf dem Fußballplatz gab es auch einen, der für mich ein Vorbild war: Dener. Er war ein außergewöhnlicher Spieler und spielte bei Portuguesa. Als Jugendlicher ging ich allein wegen ihm ins Stadion. Seine Gegenspieler hatten keine Chance, wenn er seine Trickkiste öffnete. Ich mochte seine Art, Fußball zu spielen. Er hatte einen ausgeprägten, eigenen Stil und es war eine Augenweide, wenn er den Ball spielte.

Wie für viele andere brasilianische Fußballspieler war es der Fußball, der mich aus dem Elendsviertel meiner Kindheit rausgeholt hat. Ich bin Gott sehr dankbar, dass mein Lebensweg bisher so verlaufen ist. Es gibt viele andere, die heute noch im Elend leben und ich möchte ihnen nach meiner aktiven Profilaufbahn helfen und sie unterstützen.

Bei Portuguesa Sao Paulo gehörte ich von 1992 bis 1996 zur Profimannschaft und machte insgesamt 61 Erstligaspiele für den Club. Mein einziges Tor in dieser Zeit gelang mir bei einem Auswärtsspiel gegen Cruzeiro Belo Horizonte. Und dazu war es noch ein ganz besonderes: Aus 40 Metern knallte ich den Ball in den Torwinkel.

Ich habe viele schöne Spiele erlebt und wurde in dieser Zeit zum Nationalspieler. 1995 stand ich zum ersten Mal im gelben

Trikot der Nationalelf am Mittelkreis und durfte erleben, wie sich die brasilianische Nationalhymne anhört, wenn man einer von elf ist. Das Spiel war gegen Südkorea. Mein erster Einsatz war deshalb so besonders, weil die Mannschaft gerade mit dem Gewinn der Weltmeisterschaft in den USA einen weiteren Riesenerfolg geschafft hatte. Ich stand doch erst am Anfang meiner Fußballkarriere und durfte in einem Team spielen, das mit Spielern wie Bebeto, Jorginho, Dunga, Gilmar, Tafarel, Cafú besetzt war. Noch 1990 hatte ich mit Freunden bei der WM vor dem Fernseher gesessen und unseren Stars zugejubelt. Und nun stand ich selbst im Nationaltrikot auf dem Rasen. Das war ein weiterer Traum von mir, der sich erfüllt hat.

Ausflug nach Europa

Vielleicht waren die Auftritte in der Nationalmannschaft mit ein Grund dafür, dass ich eines Tages mit einer Anfrage konfrontiert wurde, die mir glatt die Fußballschuhe ausgezogen hat. Mein Manager kam zu mir und sagte, ein europäischer Verein hätte schon mehrmals mit ihm gesprochen und wolle mich unbedingt verpflichten. Na, europäische Vereine gibt es viele, dachte ich. Aber als er dann den Namen sagte, traute ich meinen Ohren kaum: Real Madrid. Natürlich verfolgten wir auch die ausländischen Ligen und die spanische ist für Brasilianer besonders interessant.

Es gab noch weitere Angebote von anderen Vereinen und so setzten wir uns hin und wägten die Vor- und Nachteile von jedem Angebot ab. Wo würde ich als Fußballer die besten Entwicklungschancen haben? Schließlich entschieden wir uns für das Angebot aus Europa.

Ich kenne kaum einen Spieler, der nicht gerne in Spanien Fußball spielen würde. Aber Real Madrid war die absolute Krönung, denn schließlich handelte es sich hier um einen der besten Vereine der Welt. Immer wieder sagte ich mir: „Das kann nicht wahr sein, Real Madrid will dich haben." Ich sollte neben Weltstars wie Raul, Roberto Carlos und Top-Stars wie Clarence Seedorf und anderen namhaften Spielern spielen. Zur gleichen Saison wechselte übrigens auch der deutsche Torwart Bodo Illgner vom 1. FC Köln zu Real Madrid.

Dieses Angebot aus Spanien war ein echter Hammer. Ich hätte auch bei Portuguesa bleiben können, aber das Ausland reizte mich doch sehr. Von dem Stadion in Madrid hatte ich schon viele Bilder gesehen und begann zu träumen, wie es ist, vor ausverkauftem Haus die Meisterschale in Händen zu halten oder mit dem Champions League-Pokal durch eine von Menschenmassen gesäumte Stadt zu fahren. Vielleicht nachdem ich den entscheidenden Pass zum Siegtor gegeben hatte. Nun, es gibt einen Unterschied zwischen Visionen und Halluzinationen, das merkte ich nach kurzer Zeit, als ich dort war. Zwar wurde Real in der Saison '96/'97 spanischer Meister, aber man wollte mir nicht viel Gelegenheit geben, mich an dem Erfolg zu beteiligen.

Als ich im Flugzeug nach Spanien saß, hatte ich, ehrlich gesagt, keine Vorstellung, was vor mir lag, aber ich war sehr guter Dinge, saß doch neben mir meine langjährige Freundin Luciana, die ich schon seit ihrem 13. Lebensjahr kannte. Schon damals hatte ich zu meinem Bruder Kiko gesagt: „Pass mal auf, wenn die groß ist, ist sie bildschön!" Das Angebot aus Spanien wurde aber zur Gefahr für unsere Beziehung, denn Lucianas Eltern wollten sie nicht mitreisen lassen, es sei denn, wir seien verheiratet. Aber wie das so ist: Echte Liebe lässt sich das nicht zweimal sagen. Und so haben wir kurz vor der Abreise nach Europa standesamtlich geheiratet und Luciana saß neben mir im Flieger nach Spanien. Wir hatten ohnehin schon über eine Hochzeit gesprochen, aber der Saisonbeginn ließ uns den Termin um einige Monate vorverlegen.

Es war das erste Mal, dass ich mich anschickte, bei einem ausländischen Verein Fußball zu spielen. Es war ein mulmiges Gefühl, als das Flugzeug abhob und mir schlagartig bewusst wurde, was ich alles hinter mir lassen würde: Ciao Kindheit, ciao Favelas, ciao ihr lieben Freunde, ciao meine Familie, adios

brasilianischer Fußball. Es gingen mir so viele Gedanken durch
den Kopf: Wann würde ich das nächste Mal meine Familie wieder sehen, wann mal wieder mit den Freunden grillen? Der Abschied aus der Heimat fiel Luciana und mir unendlich schwer.
Ich weiß nicht, ob sich das deutsche Leser so vorstellen können:
Wir haben den ganzen Flug über geheult! Zum Glück saß mein
Manager einige Reihen vor uns im Flugzeug, sodass er von dieser
Szene nichts mitbekam. Der hätte mich für komplett verrückt
erklärt und sich bestimmt so seine Gedanken gemacht, ob er für
den richtigen Mann die Verträge ausgehandelt habe. Manchmal
ist es einfach gut, wenn die Manager nicht zu dicht neben einem
sind ...

Was ich über die spanische Liga wusste, hatte ich aus dem
Fernsehen. Sehr schöne Spielweise, völlig verrückte und enthu-
siastische Fans und natürlich das Bernabeu-Stadion, eines der
schönsten Stadien der Welt. Ich stellte mir vor, in einen Verein
zu kommen, der eine Sieger-Mentalität verkörperte. Und so war
es auch. Real Madrid gehört zu den größten Mannschaften der
Welt. Dieser Verein ist das Siegen gewohnt und setzt alles daran,
als Sieger vom Platz zu gehen. Später sollte ich dieselbe Mentalität in Deutschland in München wieder erleben.

Es wäre schön für mich, wenn ich an dieser Stelle von den
vielen siegreichen Spielen im Dress von Real berichten könnte,
von schönen Flanken, Aufsehen erregenden Toren, überglück-
lichen Läufen mit der Meisterschale in die Fankurve. Aber leider
geht das nicht: Die Zeit bei Real war für mich zwar kein Desas-
ter, aber ich muss sie im Nachhinein als Lehrjahre einstufen. Die
ersten Eindrücke des neuen Vereins waren super. Das Bernabeu-
Stadion war eine Arena, die dieses Wort tatsächlich verdiente.
Wenn man dort spielt, kommt das Gefühl auf, dass die Zu-

schauer überall sind: neben, vor, hinter und sogar über einem selbst. Es ist absolut unbeschreiblich.

Leider hatte ich dieses Gefühl nicht sehr oft. Trainer Fabio Capello gab mir reichlich Gelegenheit, die Sitzmuskeln zu trainieren. Überwiegend saß ich auf der Ersatzbank. Insgesamt hatte ich die Ehre, innerhalb meiner ersten Saison in Madrid neun Spiele bestreiten zu dürfen, davon allerdings sieben als Einwechselspieler. So hatte ich mir das eigentlich nicht vorgestellt. Ich trainierte wie ein Irrer, legte Sonderschichten ein, versuchte, mich aufzudrängen und mich selbst ins Blickfeld zu rücken, aber mein Landsmann Roberto Carlos erhielt jedes Mal aufs Neue den Vorzug.

Es war nicht mein Ziel, ihn zu verdrängen. Wer war ich denn gegen ihn? Aber wir hätten uns gut ergänzen können, wenn Capello das Spielsystem ein wenig umgestellt hätte. Roberto Carlos hinten und ich vorne links, das hätte mit Sicherheit gut geklappt. Neun Einsätze, das war keine gute Bilanz für einen, der gerade Nationalspieler geworden war.

Erst später bekam ich mit, was das eigentliche Problem mit mir war. Es gibt im Wesentlichen zwei Möglichkeiten, wie Spieler zu einem Verein kommen. Entweder der Trainer möchte einen bestimmten Spieler unbedingt haben, oder aber das Management möchte diesen Spieler haben. Im Idealfall sprechen sie vor einer Verpflichtung miteinander und treffen gemeinsame Entscheidungen. Im Fall von Real Madrid war das nicht nur nicht geschehen, sondern es bestand ein regelrechter Kampf zwischen Trainer und Manager. Dabei kam ich völlig unter die Räder, denn mich hatte der Manager gegen den Willen des Trainers verpflichtet. Ich hatte immer die Hoffnung, mich spielerisch durchsetzen zu können, aber letztlich hatte ich überhaupt keine Chance, denn für Trainer Capello war ich der Spieler vom Manager und nicht sein Wunschspieler. Er wollte mich einfach nicht.

Dann hörte ich davon, dass ein Trainerwechsel anstand. Das gab Hoffnungen. Mit Jupp Heynckes kam ein neuer, ein deutscher Trainer. Ich wollte es unbedingt in die erste Elf schaffen. Doch ich merkte bald, dass Heynckes ein größeres Auge auf meinen direkten Konkurrenten auf der linken Außenposition, Amavisca, geworfen hatte und ich trotz des neuen Trainers keine Chance auf mehr Einsätze haben würde.

Vielleicht haben die ersten Seiten dieses Buches schon ein gutes Bild von mir vermittelt: Ich will Fußball spielen! Und wenn mir das verwehrt wird, dann macht das Leben einfach keinen Spaß. Und so wurde die Zeit in Madrid für mich immer schwieriger. Schließlich war ich ja nicht als Zuschauer nach Spanien gereist, um mal einige Saisons schöne Spiele von draußen anzuschauen.

Das meinte im Übrigen auch der brasilianische Nationalcoach Zagallo. Er sagte im Hinblick auf die bevorstehende WM in Frankreich: „Zé, du musst spielen, spielen, spielen! Sonst kann ich dich nicht mitnehmen." Ich hätte ja gerne gespielt, aber man ließ mich nicht! Ich sah die WM in weite Ferne rücken und war einfach sauer, dass ich so selten auflaufen durfte. Jupp Heynckes ließ mich sechsmal spielen, da hatte ja selbst Capello mehr Vertrauen zu mir. Aber ich konnte ihn verstehen, denn er hatte ein besonderes System, in das Amavisca besser hineinpasste als ich. Bei einem absoluten Highlight kam ich dann aber zum Einsatz, und dieses Spiel habe ich bis heute nicht vergessen: das Supercup-Finale gegen den FC Barcelona. Wir gingen mit 4 : 2 als Sieger vom Platz. Das hat geholfen, dass die Wunden nicht zu sehr schmerzten, aber ich war während der Zeit bei Real Madrid trotzdem extrem frustriert.

Mein Traum, Fußball-Profi zu werden, war in Erfüllung gegangen, aber ich hatte noch einen anderen Traum: Stammspieler zu werden! Das konnte ich mir bei Real Madrid abschminken. Es war ein deprimierendes Gefühl, Spiel für Spiel von der Bank miterleben zu müssen. Manchmal wurde ich eingewechselt, aber meistens konnte ich mir das Duschen nach dem Spiel sparen, weil es gar kein Spiel mit mir gegeben hatte. Ich fühlte mich einfach zurückgesetzt, wenn der Trainer die Aufstellung verkündete – und ich war wieder nicht dabei.

Ich sagte ja bereits, dass das Lehrjahre für mich waren, denn ich musste eine wichtige Lektion für meine Profikarriere lernen: Die Entscheidungen eines Trainers sind zu akzeptieren! Er hat die Verantwortung für die Mannschaft, und ich kann mich nicht dagegen auflehnen, wenn er andere Entscheidungen trifft als mir lieb sind. Es fiel mir jedes Mal wieder schwer, aber ich lernte es zu respektieren. Oft habe ich daran gedacht, alles hinzuschmeißen und mit Luciana wieder nach Brasilien zu gehen. Dort hatte ich schließlich immer gespielt. Meine Frau und ich unterhielten uns sehr oft darüber, aber wir entschlossen uns, in Madrid zu bleiben, bis sich etwas „von allein" ergeben würde. Und so geschah es:

Eines Tages wurde die Anfrage an mich herangetragen, ob ich mir vorstellen könnte, zurück nach Brasilien zu wechseln. Real Madrid war äußerst interessiert an einem Spieler namens Savio, und der kickte zu der Zeit in Rio de Janeiro. Rio war an einem Tausch gegen mich interessiert. Alles ging ziemlich flott über die Bühne, und bevor ich überhaupt so richtig darüber nachdenken konnte, saßen wir schon wieder im Flieger Richtung Heimat. Flamengo Rio de Janeiro – ein großer Verein mit dem Vorteil, wieder in unserem Heimatland zu spielen. Flamengo ist der Club mit dem größten Fan-Club Brasiliens. Das Beste war, dass ich dort auch für die Nationalelf wieder interessant wurde – und schließlich stand 1998 die WM in Frankreich auf dem Programm. Mitten in der Saison zu wechseln gab mir noch die Chance, auf mich in der brasilianischen Liga aufmerksam zu machen. Sechs Monate spielte ich in Rio de Janeiro, bevor mein Weg wieder nach Europa gehen sollte, zu Bayer Leverkusen. Ich kann mich nicht erinnern, in dieser Zeit irgendein Tor geschossen zu haben, aber ich habe gespielt, und wir haben die meisten Spiele gewonnen.

„Was ist der Unterschied zwischen den brasilianischen Fußballclubs und einer Mannschaft wie Real Madrid?", wurde ich vor kurzem einmal gefragt. Gegenüber Real Madrid fehlt es sowohl Portuguesa als auch Flamengo an Professionalität. Das Geld spielt die größte Rolle und wird über die spielerischen Fähigkeiten der einzelnen Spieler gestellt. Da ist im wahrsten Sinne des Wortes mehr Schein als Sein. Flamengo gehört zu den führenden Clubs in Brasilien, aber wenn man sich den Verein von innen betrachtet, dann blättert die Fassade doch immens ab. Bei Real Madrid stimmen Anspruch und Wirklichkeit in einer vorbildhaften Weise überein. Das merkt man schon bei der gesamten Vereinsführung. Dort sind Leute beschäftigt, die wirklich für den Fußball leben und die wollen, dass der Verein aus fußballerischer Sicht nach vorne kommt.

Mit Jesus in die Bundesliga

Die Zeit in Rio de Janeiro sollte nur von kurzer Dauer sein. Denn nachdem ich mich in Brasilien wieder eingelebt hatte, saß eines Tages mein Manager mit einem äußerst schwergewichtigen Deutschen namens Reiner Calmund zusammen und bastelte an einem Vertrag für ein Engagement in der Bundesliga.

Bayer Leverkusen hatte großes Interesse an mir. Ich muss gestehen, dass ich überhaupt nicht wusste, wo das lag. Ich verfolgte zwar auch ein bisschen die Bundesliga, aber Namen wie Bayern München und Borussia Dortmund waren mir geläufiger. Dabei hatten die Brasilianer in Leverkusen inzwischen eine gewisse Tradition: Es begann mit Tita, der Mitte der 80er-Jahre an den Rhein kam. Ihm folgten Spieler wie Jorginho, Zé Elias, Emerson, Sergio, Ponte, Rink oder auch Marquinho.

Die bekannte Zeitung „Welt am Sonntag" titelte damals eine Story über mich mit dem Satz: „Gott hat mich nach Leverkusen geschickt." Ich bin bis heute der festen Überzeugung, dass es kein Zufall war, dass ich nach so kurzer Zeit in Rio de Janeiro doch wieder in Europa landete und in der Bundesliga spielen durfte. Wenn ich ein Tor geschossen hatte, habe ich mein T-Shirt gelüftet, und auf meinem Unterhemd stand eine Botschaft, die ich selbst in meinem Leben erfahren hatte: Jesus liebt dich!

Ich habe ja schon einiges aus meiner Kindheit berichtet, aber das Wichtigste habe ich bisher noch nicht erzählt. Zu der Zeit, als unsere Familie von meinem Vater im Stich gelassen wurde, ereignete sich etwas, das unsere ganze Familie – und auch mein

Leben – total verändert hat. Seitdem gehört der Spruch „Meine Kraft liegt in Jesus!" zu meinem Leben. Ich weiß, viele halten das für einen religiösen Tick, wollen mit Gott nichts zu tun haben, schaffen sich ihre Götter selbst. Selbst die Fußballspieler müssen dafür herhalten. Doch im Gegensatz zu den Göttern, die wir uns selbst schaffen, hat mich Gott selbst noch nie enttäuscht. Es gibt Menschen, die weisen darauf hin, dass man Gott in der Natur erfahren kann. Schöne Berge, schöne Seen und die Frage, wie das wohl alles entstanden ist, haben schon so manchen zu Gott gebracht. Bei mir war es aber eine ganz andere Erfahrung und die hing mit meinen Eltern zusammen.

Nachdem mein Vater uns verlassen hatte, musste meine Mutter noch mehr als bisher arbeiten, um uns Kinder durchzubringen. Sie brauchte für sich selbst eine Kraftquelle und geriet eines Tages in eine Kirche, um einfach mal zur Ruhe zu kommen und die Gedanken zu sammeln. Hier muss sie ein Erlebnis gehabt haben, das sie total veränderte. Sie sprach auf einmal von Gott und erzählte uns, dass wir auf Jesus vertrauen sollten, denn er würde uns in der schwierigen Situation helfen. Zuerst habe ich mir das ruhig angehört und war froh, wenn ich dann wieder auf der Straße Fußball spielen konnte. Vielleicht hat sie einen „frommen Tick" bekommen, dachte ich, der sicher in ein paar Wochen wieder vorüber ist. Aber ich stellte fest, dass die Veränderungen bei unserer Mutter von Dauer waren. In ihrem Leben schien jemand da zu sein, mit dem sie über alles reden konnte – und trotz unserer verfahrenen wirtschaftlichen Situation strahlte sie eine Ruhe und Gelassenheit aus, die man mit natürlichen Dingen nicht erklären konnte.

Es dauerte nicht lange, da merkte ich, dass dieser Gott, von dem Mutter immer sprach, auch mit mir etwas zu tun haben wollte. Seitdem hat sich vieles in meinem Leben verändert. Bei allem Leid, das meine Mutter erleben musste, wurde sie durch ihren Glauben zu einem glücklichen und fröhlichen Menschen. Das war für jeden in der Familie und in unserer Umgebung offensichtlich. Ich hatte mich bis dahin nicht sonderlich um Gott gekümmert. Aber die Veränderungen, die ich bei meiner Mutter sah, signalisierten mir: Vielleicht ist an Gott und an der Bibel doch etwas Besonderes. Ich fing also an, die Bibel zu lesen.

Dort begegnete mir ein Gott, der von sich aus auf uns Menschen zugeht. Nicht wir müssen uns anstrengen, zu ihm zu kommen, sondern er selbst hat sich auf den Weg zu uns gemacht. Und ich erfuhr in diesem alten Buch, dass Gottes Liebe zu mir aktuell ist. Was lassen sich die Menschen alles einfallen, um sich die Gunst Gottes zu erschleichen oder um Gott auf ihre Seite zu ziehen? Ich spürte in den Vororten der Favelas: Gott ist auf deiner Seite! Er liebt dich und nimmt dich an, wie ein Vater sein Kind liebt. Was passiert, wenn ein Vater das nicht tut, das hatten wir ja kurze Zeit vorher mit unserem Vater erleben müssen. In der Bibel las ich, dass Gott selbst unser Vater sein wollte. Ich las dort auch, dass Gott nicht nur der Vater für mich sein will, den ich nie hatte, sondern dass er zudem etwas Besonderes mit mir vorhat.

Das hatte nichts mit irgendwelchen Formeln oder Ritualen zu tun, sondern einfach mit einem Angebot, das ich in dieser Situation als Kind annahm. Diese Entscheidung war für mein Leben noch wichtiger als die Liebe zum Fußball. Sie sollte mein ganzes Leben bestimmen und mich total verändern. Wir erlebten extrem harte Jahre, nicht nur wirtschaftlich, sondern auch menschlich ging es durch viele tiefe Täler. 1994 zum Beispiel starb meine Schwester Rejane mit 33 Jahren während der Geburt ihrer Tochter. So etwas zieht einem den Boden unter den Füßen weg. Wie sollten wir den Schmerz über diesen schlimmen Verlust überwinden? Wir waren alle zutiefst geschockt und traurig. Ich kenne Menschen, die haben es ihr ganzes Leben nicht geschafft. Es gibt Fußballer, die durch solche menschlichen Tragödien völlig aus der Bahn geworfen wurden und danach auch auf dem Platz nichts Vernünftiges mehr zustande gebracht haben. In dieser Situation haben wir es anders erlebt: Zum ersten Mal haben wir als gesamte Familie realisiert, dass Gott der Tröster seiner Kinder ist. Und das war kein billiger Trost nach dem Motto: „Kopf hoch, das Leben geht weiter!"

In der Bibel fanden wir Zuspruch. Darin stand viel von einem Gott, der trösten konnte, wie kein Mensch es jemals kann. Da gibt es zum Beispiel ein Buch, das die Psalmen genannt wird. Es ist eine Liedersammlung, wo zum Beispiel Lieder von einem König mit Namen David gesammelt wurden. Der hatte vieles mit Gott erlebt und hat seine Erfahrungen in Liedern ausgedrückt. Diese Psalmen gehören nicht nur zur Weltliteratur, sondern zeigen auch, wie Gott sich um uns Menschen kümmert. Genau das haben wir in dieser Situation erlebt.

Später gab es noch einmal eine Situation in unserem Leben, wo wir gemerkt haben, dass Gott uns ganz besonders nahe war. Als ich bei Flamengo Rio de Janeiro spielte, verloren Luciana und ich unser erstes Kind. Es wurde tot geboren. Wir waren unendlich traurig. Später hatten wir noch einmal eine Frühgeburt. In dieser schwierigen Zeit haben wir einmal mehr auf Gott vertraut. In meinem Kopf spielten die Gedanken verrückt, doch mein Herz sagte mir, dass Gott uns nicht verlassen hatte. Und seitdem habe ich immer auf mein Herz gehört.

Wenn ich heute über mein Leben nachdenke, dann muss ich

immer wieder an die Situation denken, in der meine Freunde erschossen wurden. Sie waren auf die schiefe Bahn geraten und haben mit ihrem Leben dafür bezahlt. Das hätte mir auch passieren können, aber ich sehe es nachträglich als Gottes Geschenk an, dass ich eine andere Laufbahn einschlagen konnte. Jesus hat mich zu einem Sieger gemacht. Ich weiß, dass jetzt einige lästern werden: „Ein Sieger, der ziemlich oft Zweiter geworden ist!" Das ist mir völlig egal, denn wer Gott sein Leben anvertraut, der kann auch mit Niederlagen ganz anders umgehen. Ich werde nicht daran kaputtgehen, wenn wichtige Spiele verloren gehen. Ich werde mich ärgern, und Niederlagen nagen eine ganze Zeit an mir, aber letztlich können sie mich nicht runterziehen, weil für mich im Leben noch mehr zählt als nur der Ball. Fußball ist wichtig, aber für mich ist er nicht alles. Das habe ich schon damals als Jugendlicher erlebt. Ich werde in diesem Buch noch an anderer Stelle von Siegen und Niederlagen berichten. Ich mag keine Niederlagen, schon gar nicht gegen Vorstadt-Clubs in der Münchener Gegend.

Meine Entscheidung für ein Leben mit Jesus hat einfach alles in meinem Leben verändert. Ich habe die Liebe Gottes entdeckt. Zum Glück traf ich diese Entscheidung gerade in dem Moment, in dem ich meinen ersten Profivertrag bei Portuguesa unterzeichnete. Wenn ich damals noch kein Christ gewesen wäre, wäre mein Profileben sehr wahrscheinlich anders verlaufen. Ich habe sehr oft erlebt, wie Jungprofis dem Reiz des Geldes erlegen sind. Auf einmal steht man vor der Situation, alles haben zu können. Sie hatten dann mehrere Frauen gleichzeitig, haben ihr Geld aus dem Fenster geworfen und ihr Leben echt verschleudert. Viele konnten auch nicht mit der plötzlichen Popularität umgehen und dachten, die Welt läge ihnen nun zu Füßen. Ich bin froh, dass ich Jesus mein Leben anvertraut habe. Er hat das Beste daraus gemacht.

Als Jugendlicher bin ich auch sehr oft in die Kirche gegangen. Dort gab es ein spezielles Programm für junge Leute, aber daran nahm ich fast nie teil. Ich hatte ja genug Programm mit dem Training. Der Gottesdienst genügte mir damals. Meine Freundin Luciana ging übrigens zu dieser Zeit auch in die Kirche, weil ich sie immer wieder dazu eingeladen habe. Und sie hat ebenfalls erkannt, dass es wichtig ist, mit Gott zu leben. Seitdem ist sie auch Christin, und das ist klasse. Wir haben etwas, das uns über unsere Liebe hinaus miteinander verbindet und uns auch als Ehepaar stark macht.

Als ich zu Real Madrid gegangen bin, habe ich übrigens nicht auf Gott gehört. Und wie berichtet, war das eine extrem verkorkste Zeit. Ich wollte groß und ein Star in einem großen Team sein. Aber ich wurde letztlich von Spieltag zu Spieltag auf der Ersatzbank kleiner, weil jedem im Stadion klar war: Selbst wenn drei Spieler sich verletzen, Zé Roberto wird sicher nicht eingewechselt. Es ist daher wichtig für mich, immer wieder mit Gott zu sprechen und auf ihn zu hören.

Die Veränderungen meiner Mutter zogen übrigens weite Kreise. Meine Geschwister sind alle „bewusste Christen" geworden, d. h., sie gehören nicht nur einer Kirche an, sondern sie leben in ihrem Alltag ganz bewusst mit Gott, reden mit ihm und fragen ihn, was er mit ihrem Leben machen möchte. Als mein Vater noch bei uns lebte, waren wir eine nach außen eigentlich „intakte Familie", in der mit Vater, Mutter und Kindern alles vorhanden war, was eine „Familie" ausmachte. Aber das war nur der Schein, denn wir waren ein Haufen von Individualisten, die alle taten, was ihnen gerade in den Sinn kam. Wir lebten zwar unter einem Dach, hatten aber eigentlich nicht viel miteinander zu tun.

Ich wäre mit Sicherheit ein Krimineller geworden und kein Fußballspieler, wenn ich mich damals nicht ganz bewusst dafür entschieden hätte, ein Leben mit Gott zu führen. Es gibt übrigens eine wichtige Parallele zwischen dem Leben mit Gott und dem Fußballspielen. Beides wird durch Training besser! Jeden Tag lesen Luciana und ich in der Bibel. Wir tun das, weil wir erfahren möchten, was Gott über unser Leben denkt und was er uns mitteilen möchte. Da stehen zum Beispiel solche Sätze drin, wie: „Der Glaube kann Berge versetzen." Wir haben schon erlebt, dass wir vor scheinbar unlösbaren Problemen standen und Gott Türen geöffnet hat und Wege sich geebnet haben. Ein Fußballspieler, der nicht an sich glaubt, eine Mannschaft, die von ihren Fähigkeiten nicht mehr überzeugt ist und nicht daran glaubt, selbst schwierige Situationen meistern zu können, werden immer auf Seiten der Verlierer sein. Es gibt viele Berichte in der Bibel, in denen Menschen auf die falschen Dinge gebaut und alles verloren haben. Da gibt es zum Beispiel eine schöne Geschichte, die Jesus einmal erzählt hat. Sie handelt von einem Mann, der sein ganzes Leben nur Geld gescheffelt hat. Er hatte irgendwann seine Warenhäuser voll und meinte, er hätte genügend für einen geruhsamen Lebensabend auf die Seite gelegt. Und Gott sprach zu ihm: „Du Narr, noch heute wirst du sterben." Im Angesicht des Todes wird selbst der reichste Mann wieder arm.

Eine meiner Lieblingsgeschichten in der Bibel ist diese: Da wird von einem Josef berichtet, der von seinen eigenen Brüdern gehasst, überfallen und schließlich als Sklave verkauft wurde. Aber Gott hatte etwas Besonderes mit ihm vor. Dieser Josef wurde ein Präsident und seine Brüder wurden wegen einer großen Hungersnot sogar zu Bittstellern bei ihm, um überleben zu können. Zeit für Rache, oder? Aber Josef handelte ganz anders. Er hatte in seinem Leben Gott vertraut und es hatte sich gelohnt. Er konnte feststellen, wie Gott sich um ihn kümmerte. Und dann steht da zum Beispiel dieser schöne Satz: „Die Menschen hatten Böses im Sinn, aber Gott wendete das Böse in Gutes." Es war aber auch unglaublich, dass Josef das Herz hatte, seinen Brüdern, die ihm so etwas angetan hatten, zu vergeben. Wir können von solchen Vorbildern sehr viel lernen.

In der Bibel steht auch, dass es nicht unbedingt Brot sein muss, von dem man lebt. Wir können von jedem Wort leben, das Gott zu uns spricht. Genauso wie wir uns mit Essen ernähren, müssen wir darauf achten, dass unsere Seele nicht verdurstet oder austrocknet. Für mich bedeutet das, eine gute Beziehung zu Gott zu haben. Das hilft mir übrigens auch durch Krisen. Da können wir nämlich sehr gut beobachten, woran sich die Menschen klammern. Manche richten sich nach irgendwelchen Horoskopen oder spielen mit Voodoo-Puppen. Andere richten sich nach anderem Aberglauben. Ich kann immer nur eins empfehlen: Wenn wir im Leben Hilfe brauchen, sollte Gott unsere erste Adresse sein.

In Deutschland soll mal ein großes Plakat gehangen haben mit dem Spruch: „An Gott kommt keiner vorbei!" Ein Schalke-Fan soll daruntergeschrieben haben: „Außer Stan Libuda!" Aus meiner Sicht hätte ich darunterschreiben müssen: „Auch nicht Zé Roberto!"

Ich bin fest davon überzeugt, dass jeder Mensch in seinem Leben irgendwann einmal eine Gottesbegegnung hat. Jeder erlebt Dinge, die ihn über Gott nachdenken lassen. Jeder kommt in Situationen, die er sich nur so erklären kann, dass Gott ihn am Leben erhalten will oder ihm geholfen hat. Es kommt danach nur darauf an, welche Schlüsse wir aus einer solchen Erfahrung ziehen. Bei vielen Menschen hält der Gedanke an Gott nur einen Moment. Danach geht ihr Leben weiter wie bisher. Bei mir war das anders.

Warum erzähle ich das hier in dieser Breite? Weil Gott sehr viel mit meinem Leben zu tun hat. Auch meine Entscheidungen, ob ich nach Deutschland, Spanien oder wohin auch immer gehe, um Fußball zu spielen, treffe ich nicht allein. Immer bin ich im Gespräch mit Gott. Ich vertraue ihm, dass mein Leben in seinem Sinne verläuft. Ich habe gelernt, dass es schön ist zu träumen. Aber man sollte nicht alle Zeit darauf verwenden, sich auf seine Träume zu konzentrieren. Heute weiß ich: Du musst lediglich dein Leben leben und deine Zukunft Gott überlassen. Ich habe mir geschworen, niemals einen Fußballverein über Gott zu stellen, und im Nachhinein bin ich froh über die Lektionen, die ich in meinem Leben (unter anderem in Madrid) gelernt habe.

Als ich vor kurzem bei einer Pressekonferenz mit der Behauptung konfrontiert wurde, ich sei doch sicher zum FC Bayern gekommen, weil ich dort sehr viel mehr verdienen würde, sagte ich dem Reporter kurz und knapp: „Wissen Sie, ich spiele bei diesem Verein, weil Gott es so will!" Keine weiteren Fragen.

Freunde fürs Leben

Echte Freundschaften sind für mich wie Edelsteine. Sie sind nicht leicht zu finden, aber wenn man sie hat, halten sie ein Leben lang. Ich habe nicht sehr viele wirkliche Freunde, und darum sind mir diese Beziehungen besonders wichtig. In Brasilien hatte ich bei Portuguesa mit Tito und Roque echte Freunde im Team. Wir verstanden uns sehr gut und wir konnten viel miteinander auch außerhalb des Trainings unternehmen.

In den verschiedenen Mannschaften, in denen ich bisher gespielt habe, gibt es aber auch Spieler, zu denen man nur einen lockeren Kontakt hat. Natürlich freut man sich gemeinsam über erreichte Erfolge, aber darüber hinaus hat man wenig miteinander zu tun. Es ist mehr ein Arbeitsverhältnis oder ein gutes kollegiales Miteinander in der Mannschaft. Von Freundschaft würde ich da nicht unbedingt sprechen. Freundschaften halten auch schwierige Zeiten aus und werden auch von Niederlagen nicht getrübt. Bei Fußballmannschaften ist das aber häufig so, dass es auch in der Mannschaft nicht mehr klappt, wenn die Siege ausbleiben.

Ein Freund ist auch jemand, dem ich wirklich alles erzählen kann, was mich bewegt. Ich bin glücklich, dass meine Frau so ein Freund für mich ist. Mit Luciana kann ich über alles sprechen. In guten und in schlechten Zeiten halten wir zusammen. Sie gibt mir auch in schwierigen Situationen gute Ratschläge und hilft mir, Entscheidungen zu treffen. Freundschaft braucht auch Zeit. Luciana kenne ich seit frühester Kindheit. Ich bin froh darüber, dass mir sämtliche „Frauengeschichten" erspart geblieben sind. Luciana lebte in einem Stadtteil in unserer Nähe und war mit meinem jüngeren Bruder befreundet. Die beiden waren gleichaltrig. Mein Bruder spielte oft in der Nähe ihres Hauses und ich kannte sie auch aus der Schule. Irgendwann kam dann die Zeit, wo selbst Jungen wie ich eine kleine Auszeit beim Fußballspielen beantragen, wenn hübsche Mädchen auftauchen. Ich fand sie nett, habe aber damals nicht im Traum daran gedacht, dass wir einmal unser Leben miteinander verbringen könnten. Auch hier sehe ich, dass Gott die Hände im Spiel hatte.

Am 10. Juli 1997 haben wir geheiratet. Die Hochzeit war ein unglaublich schöner Tag! Wir hatten nur wenige Leute zur Feier eingeladen und verbrachten den Tag mit den Familien und unseren engsten Freunden. Standesamtlich hatten wir ja wie berichtet schon vorher geheiratet, damit Luciana mit mir nach Spanien ziehen durfte. Nach Saisonschluss haben wir dann zu Hause noch kirchlich geheiratet. Es wurde getanzt und ausgelassen gefeiert. Ein unvergessliches Fest.

Es war uns aber nicht immer zum Feiern zumute, und gerade in schweren Zeiten zeigt es sich, ob man nur verheiratet ist oder ob die Freundschaft stark genug ist und hält. Ich habe ja im vorherigen Kapitel davon berichtet, dass wir zweimal Kinder verloren haben. Ich bin fest davon überzeugt, dass Gott diese schweren Erlebnisse zugelassen hat und wir als Menschen daran gewachsen sind. Selbst in unseren Schwächen können wir stark sein und uns Mut und Kraft bei Gott abholen. Und so haben Luciana und ich es gemacht. Uns war klar, dass Gott uns irgendwann mit einem Kind segnen würde. Drei Jahre später wurde unser Sohn Endrik geboren.

Ich konnte leider bei der Geburt nicht dabei sein, weil ich

gerade mit der Nationalmannschaft unterwegs sein musste. Das war ganz schön hart für mich, schließlich hatte ich mich genauso auf unser Kind gefreut wie Luciana. Vor allem nach den beiden negativen Erlebnissen wollte ich als Vater bei der Geburt dabei sein. Stattdessen trainierte ich mit den Kollegen der „Selecao" auf einem Trainingsplatz in Thailand. Das Länderspiel fand einen Tag vor dem Geburtstermin statt.

Ein Anruf von Luciana versetzte mich in äußerste Spannung: Die Wehen hatten eingesetzt und sie musste ins Krankenhaus. Kurz vor dem Spiel erreichte ich sie nicht mehr, da sie schon im Krankenhaus war. Das Länderspiel war nicht ganz einfach für mich, denn mir gingen andere Dinge durch den Kopf als Fußball. War ich schon Vater oder nicht? Würde alles gut gehen?

Statt des Torjubels und des Torschreis hätte ich hundertmal lieber den ersten Schrei meines Sohnes gehört. Nach dem Spiel versuchte ich, sie zu erreichen, aber es kam keine Verbindung zustande. Nach zwölf Stunden Rückflug landete ich schließlich auf dem Düsseldorfer Flughafen und rief sofort bei meinem Freund Emerson an, der zu der Zeit gemeinsam mit mir bei Bayer 04 Leverkusen spielte. Seine Frau Sonia sagte mir, dass Endrik geboren sei. Ein Junge von 3,66 kg.

Ich flippte vor Freude fast so aus wie damals, als ich bei dem Jugendcamp zu den Auserwählten zählte, die einen Vertrag bekamen. Ich sprang ins nächste Taxi und gab dem Fahrer zu verstehen, dass er ein bisschen auf die Tube drücken sollte. Und wie es in solchen Situationen immer ist, auf der A3 war mal wieder Stau. Ständig schaute ich auf die Uhr und wurde von Minute zu Minute unruhiger. Aber vor Gott und im Stau sind alle Menschen gleich. Es hieß also, Geduld aufzubringen. Am liebsten wäre ich aus dem Taxi gesprungen und zu Fuß ins Krankenhaus gerannt. Aber so viel Verstand besaß ich in dem Augenblick noch, dass ich wusste, es war zu weit weg. Doch dann kam der große Moment! Als ich Endrik endlich in meine Arme schließen konnte, dankte ich Gott und legte das Leben dieses kleinen Wesens bewusst in Gottes Hände. Es war einfach wunderbar! Das Wichtigste im Glauben ist, dass man sich von Gott geliebt weiß. Und dieser Augenblick machte es mir so deutlich wie kaum ein anderer.

Gerade jetzt, wo ich das Buch schreibe, haben wir unser zweites Kind bekommen. Es ist ein Mädchen und wurde in Brasilien geboren. Sie heißt Miriam. Diesmal war ich bei der Geburt dabei. Ein unglaubliches Erlebnis. Und wenn die Familie dann wieder zurückkommt, wird Endrik in einen deutschen Kindergarten gehen. Endrik ist mein kleiner Freund! Mit ihm spiele ich in unserem Garten Fußball. Er ist zwar ein Rechtsfuß, aber ich erkenne schon jetzt sein außerordentliches Talent ... Ich bin sicher, dass auch Miriam meine kleine Freundin wird. Sie ist ein besonderes Geschenk und wir sind dankbar, dass wir sie bekommen haben.

Als ich Brasilien verließ, um in Deutschland zu spielen, mussten Luciana und ich wieder einmal viele Freunde zurücklassen. Die Entscheidung fiel uns nicht leicht, aber ich musste auch an meine Zukunft als Spieler denken. Ein neues Land, eine neue Kultur, ein neuer Verein, eine neue Liga – all das reizte mich sehr. Ich wollte die Bundesliga kennen lernen. Ich habe bisher aber noch sehr viel mehr kennen gelernt, das mich als Fußballer weitergebracht hat.

Wenn wir im Sommer nach Brasilien fliegen, treffen wir dort immer alte Freunde von früher. Luciana bleibt dann immer noch etwas länger dort, während ich für die Saisonvorbereitungen schon wieder nach Deutschland abreisen muss. Oft bringe ich brasilianische Freunde mit, damit ich nicht so allein bin. Es fällt mir unglaublich schwer, ohne Luciana allein zu Hause zu sein. Ich hänge sehr an meiner Familie und nach Gott ist sie das Wichtigste in meinem Leben. Wenn wir zusammen sind, bin ich sehr glücklich.

Das Familienglück ist alles für mich! Ich habe ja selbst erlebt, was passiert, wenn eine Familie unglücklich ist. Immer dieser Streit zwischen meinen Eltern, das hat die Familie fast zerstört. Wenn eine Familie unglücklich ist, wird sie immer in Schwierigkeiten geraten. Bevor wir Christen wurden, gab es eine Unmenge Streit in unserer Familie. Wir hatten keine Liebe füreinander.

Jetzt, wo ich bei Bayern München spiele, haben wir auch in München Freunde gefunden. Wir gehen in eine brasilianisch-evangelische Kirche und fühlen uns da sehr wohl. Dort treffe ich auch jeden Sonntagabend Cacau, der beim 1. FC Nürnberg spielte und jetzt zum VfB Stuttgart gewechselt ist. In dieser Gemeinde habe ich echte Freunde. Oft kommt auch Marcelo Bordon, der mit dem VfB Stuttgart in der Saison 2002/2003 mit der direkten Champions-League-Qualifikation eine Super-Leistung vollbracht hat.

Zu Cacau und Bordon habe ich auch oft telefonischen Kontakt. Dabei sprechen wir sehr selten über Fußball. Das ist unser Beruf und wir sind ganz froh, mal über andere Dinge reden zu können. Es kommt also höchst selten vor, dass wir uns gegenseitig aufziehen, wenn mal einer im „Kicker" wieder eine Fünf für ein schlechtes Spiel bekommen hat. Wir unterhalten uns viel über unsere Familien und auch oft über Gott.

Wenn wir gegeneinander spielen müssen, wird es natürlich

besonders interessant. Im harten Bundesliga-Alltag bleibt es nicht aus, dass auch mal ein Foul passiert. So hat mich Cacau mal in einem Spiel von Bayer Leverkusen gegen den 1. FC Nürnberg in den Allerwertesten getreten. Ich rappelte mich auf, tat ganz entrüstet und schnauzte ihn an: „Ey, Cacau, ich dachte, du wärst Christ, da darfst du mich doch nicht treten!"

Freunde im privaten Bereich zu finden ist die eine Sache, in der Mannschaft ist das eine andere Sache. Es ergeben sich immer Freundschaften zu Mitspielern, aber die können natürlich nicht so eng sein wie die zu den Freunden, die man aus der Kindheit hat. Bei Fußballspielern weiß man eigentlich nie, ob man in der nächsten Saison noch zusammenspielt, oder ob einer den Verein wechselt. Ich würde da eher von guter Kameradschaft oder von guten Arbeitskollegen sprechen. Zum Beispiel gehen wir oft mit den südamerikanischen Spielern des FC Bayern nach den Spielen gemeinsam essen. Jeder bringt seine Familie mit und dann ist einiges los.

In einem Fußballteam herrscht auch ein Konkurrenzdenken, denn schließlich können nun mal nur elf Leute von Beginn an auf dem Platz stehen. Gerade zu der Zeit, in der bei Bayern München rotiert wurde, trat der Konkurrenzkampf besonders zutage. Ohne Konkurrenzdruck kann eine Mannschaft nicht bestehen. Natürlich ist es gut, wenn man einen Stammplatz hat (und wer hätte den nicht gerne?), aber es ist genauso wichtig, dass man weiß, dass keiner unentbehrlich ist. Das motiviert und bewahrt uns Spieler davor, faul zu werden. Das Märchen „Elf Freunde müsst ihr sein" hat – so glaube ich – noch nie gestimmt.

Eine pikante Situation erlebte ich nach meinem Wechsel von Bayer 04 Leverkusen zum FC Bayern München, als die beiden

Vereine gegeneinander spielen mussten. Ich hatte ja vier Jahre in Leverkusen gespielt und gute Beziehungen zu den Spielern. Und dann mussten wir gleich zweimal in einer Woche gegeneinander ran. Zunächst im Pokal und am Samstag im Ligaspiel. Zum Glück haben wir beide Spiele gewonnen, aber für mich waren beide sehr eigenartig. Es hat unglaublich viel mit dem Kopf, mit der inneren Einstellung, zu tun. Bei der ersten Begegnung hatte ich dann auch einige Schwierigkeiten, aber danach ging es schon viel besser. Wir Fußballer sind Profis und müssen zu unserem Beruf stehen. Heute spiele ich in dem Club, gegen den ich morgen vielleicht schon als Gegner auflaufe. So ist es nun mal und mit einer professionellen Haltung ist das auch gut hinzukriegen.

In der brasilianischen Nationalmannschaft gibt es unter den Spielern enge Freundschaften. Insbesondere für die Brasilianer, die in Europa spielen, ist es immer wieder eine besondere Freude, mit dem Nationalteam unterwegs zu sein. Dort trifft man alte Freunde. Wir erinnern uns dann auch wieder schnell an die brasilianische Spielweise, die uns in der Bundesliga doch manchmal aus taktischen Gründen etwas verwehrt wird. Wir entdecken dann schnell unsere gemeinsame Stärke und erinnern uns an unsere ursprüngliche Spielweise. Die Mentalität der Brasilianer ist nun mal nicht europäisch, und wenn wir bei der „Selecao" sind, kommt alles wieder zurück, und wir entdecken unsere Spielfreude und den Spaß, den man auf dem Platz haben kann. Auch das macht mich immer wieder sehr glücklich.

In der gesamten Bundesliga gibt es übrigens ganz guten Kontakt unter den Brasilianern. So habe ich neben Cacau, den ich immer in meiner Kirche treffe, guten Kontakt zu Bordon, Dedé, Evanilson, Amoroso, Marcelinho, Lucio und Luizao. Natürlich bin ich auch gerne mit meinem Teamkollegen beim FCB, Elber, zusammen. Wenn wir in der Bundesliga gegen Teams spielen, in denen auch Brasilianer kicken, tauschen wir uns nach den Spielen immer aus und erzählen uns das Neueste aus unseren Familien. Das gehört auch zu unserer Mentalität, dass wir zu den anderen brasilianischen Spielern Kontakt halten. Schließlich sind wir ja alle ziemlich weit weg von unserer Heimat.

Mit Zuversicht von Rio zu Bayer

Kommen wir nach diesem kurzen Ausflug ins Persönliche und Private wieder zur Bundesliga. Als ich in Rio de Janeiro spielte, rief mich eines Tages mein Manager an und sagte, dass sich Leute aus Deutschland angekündigt hätten, die mich unbedingt verpflichten wollten. Solche Verhandlungen vorzubereiten und zu führen ist die Hauptaufgabe meines Managers. Ansonsten habe ich eigentlich nicht viel mit ihm zu tun. Es gibt sicher Spieler, die mehr Kontakt mit ihrem Manager haben und mit ihm sogar von Kindesbeinen an befreundet sind. Bei mir ist das anders. Ich habe nur Kontakt mit ihm, wenn er einen Vertrag für mich aushandelt.

Nun brachte er mich mit dem Leverkusener Manager Reiner Calmund zusammen. Ich muss gestehen, dass mein erster Gedanke war: „Zumindest scheint es in Deutschland genug zu essen zu geben ..." Als er dann in seiner ureigenen Art noch anfing, mir die Vorzüge von Leverkusen mit Händen und Füßen zu erläutern, dachte ich zunächst: „Mensch, ist der nervös, so wie der mit den Armen rudert." Ich sollte eines Besseren belehrt werden, denn schon nach kurzer Zeit merkte ich in dem Gespräch, dass Calmund ein ernsthaftes Interesse an mir als Spieler hatte. Auch wurde mir klar, dass hier nicht ein Manager vom Schlage „Cash-Man" vor mir sitzt, sondern jemand, der versteht, wie man mit Spielern umgehen muss. Ein echter Profi! In meiner Zeit in Leverkusen habe ich Reiner Calmund noch besser kennen gelernt. Ich halte ihn für einen der besten Manager des Profi-Fußballs!

Damals erläuterte er mir, dass Bayer 04 Leverkusen für die linke Außenbahn einen besonderen Spieler bräuchte. Sie hätten mich bereits in meiner Zeit bei Portuguesa beobachten lassen und sie wollten mich unbedingt haben. Er wusste auch, dass mein Engagement bei Real Madrid überwiegend auf der Ersatzbank stattgefunden hatte. Sie hatten mich schon lange im Visier und ich war beeindruckt von der Art, wie Reiner Calmund ihr Interesse vortrug. Vielleicht hat damals auch ein bisschen mitgespielt, dass Bayer 04 Leverkusen langjährige Erfahrungen mit brasilianischen Spielern hatte. Als ich 1998 zu Bayer wechselte, spielte Emerson dort. Ihn kannte ich von der Nationalelf. Ganz nebenbei hat der Verein zum damaligen Zeitpunkt sehr tief in die Tasche gegriffen, um den Wechsel möglich zu machen.

Ich hoffe aber, dass sich diese Investition für Bayer gelohnt hat, denn nach anfänglichen Eingewöhnungsproblemen habe ich doch mit einigen Kabinettstückchen und vielen Torvorlagen für schöne Spiele gesorgt. Calmund jedenfalls versorgte die Presse mit reichlich Vorschusslorbeeren über mich: „Er ist ein absoluter Glanzpunkt, ein brasilianischer Fußball-Exot, der in seiner ersten Saison schon sehr stark spielen wird", diktierte er den Journalisten in die Schreibblöcke.

Luciana und ich hatten das Gefühl, dass Gott uns in Deutschland haben wollte. Daher war die Headline der „Welt am Sonntag", die ich in einem anderen Kapitel zitiert habe, nicht aus der Luft gegriffen. Wenn ich damals meinen Willen durchgesetzt hätte, dann wären wir vielleicht wieder nach Spanien gegangen oder nach Italien.

Über Deutschland wusste ich eigentlich nicht viel. Klar hatten mir meine Mannschaftskameraden bei der Nationalelf einiges erzählt. Ich kannte auch die Namen der Spieler, die bereits bei Bayer 04 gespielt hatten. Ich sollte der neunte „brasilianische Farbtupfer" beim Werks-Club werden. Einige brasilianischen Spieler berichteten mir davon, dass es in Deutschland immer kalt sei. Manche sprachen auch von Ausländerfeindlichkeit, nur weil Julio Cesar in Dortmund mal der Zutritt zu einer Disco verwehrt worden ist. Mir waren Discos eigentlich ziemlich schnuppe, von daher konnte ich mit dieser Art von „Ausländer-feindlichkeit" ohnehin nichts anfangen. Als ich dann schließlich im August 1998 in Frankfurt auf dem Flugplatz landete, dachte ich, das Klima sei doch eigentlich in Ordnung. Den Winter sollte ich erst noch kennen lernen. In Brasilien würden vereiste Trainingsplätze schon an ein Wunder grenzen.

Mein erster Eindruck war also positiv. Auch der Verein prä-sentierte sich sehr professionell. Bayer 04 ist ein gut organisierter Verein mit sehr guten Strukturen. Wie ich dort empfangen wur-de, das werde ich nie vergessen. Die Art und Weise, wie Reiner Calmund und die anderen Verantwortlichen im Verein mich begrüßten, ist mir sehr nahe gegangen. Calmund ist ein Mensch mit einem unvergleichlich großen und guten Herzen. Allerdings machte mir die Sprache große Probleme und so konnte ich zu Beginn meiner Zeit nur lächeln und gute Miene machen, ob-wohl ich nicht verstanden habe, was man von mir wollte.

Da war ich doch sehr froh, dass Heinz Prellwitz da war. Er hatte Erfahrungen mit Brasilianern und er hat mir und Luciana sehr geholfen und wurde schnell zum „Meu Amigo". Die Einge-wöhnungsprobleme hielten sich so ein bisschen in Grenzen. Von anderen Spielern hatte ich gehört, dass es schwer wäre, in Deutschland Fuß zu fassen, und dass ich die deutsche Sprache niemals lernen würde. Vielleicht waren es diese negativen Mei-nungen, die bei mir dann eine positive Überraschung auslösten, als ich in Leverkusen meine ersten Trainingseinheiten hinter mich brachte. Da ich mir sicher war, dass Gott mich in der Bundesliga haben wollte, war mir eigentlich ziemlich egal, was die anderen über das Land sagten. Ich hatte von Anfang an eine positive Haltung und die wurde bis heute nicht enttäuscht. Auch mein Landsmann Emerson, mit dem ich in der ersten Saison gemeinsam in Leverkusen spielen konnte, half uns, schnell in Deutschland heimisch zu werden. Obwohl ich schon sagen muss, dass der erste Winter ein Erlebnis war, das ich mir so nicht ausgemalt hatte ...

Natürlich bin ich nicht nach Leverkusen gekommen, um auf der Bank zu sitzen. Man hatte mir gesagt, dass ich Stammspieler sein soll, doch beim ersten Spiel spielte ich nicht. Ich sollte erst einmal die deutsche Spielweise kennen lernen und das Spiel gut beobachten. Und schließlich musste ich mich ja auch erst in die Mannschaft eingewöhnen. Aber vom zweiten Spiel an gehörte ich zur Stammelf und machte in meiner ersten Saison mit Bayer Leverkusen 32 Spiele. Dass ich darüber hinaus noch vier Tore geschossen habe, machte mich besonders glücklich. Ich war sehr beeindruckt, wie ich von den Verantwortlichen in Leverkusen betreut wurde. Die sorgten sich sehr, dass der Eingewöhnungsprozess so schnell wie möglich klappte. Damals spielten mit Paulo Rink, Emerson und mir drei Brasilianer in der Mannschaft. Unser Trainer, Christoph Daum, war anfangs auch sehr um uns bemüht. Immer wieder erkundigte er sich, wie es mir ginge und ob ich klarkommen würde. Damals hatte ich den Eindruck, dass er ein ganz normaler Trainer war. Eine Saison später wurde mir ein anderes Bild vermittelt.

„Kann man in Leverkusen, dieser hässlichen kleinen Industriestadt, überhaupt glücklich sein?", wurde ich mal von einem

Luciana, Endrik und Zé Roberto sind die besten Freunde.
Auch Töchterchen Miriam gehört jetzt dazu.

Ein besonderes Duo: Michael Ballack und Zé Roberto.

Traumfußball bei Bayer Leverkusen – schöne Momente des Lebens.

Foto: WEREK

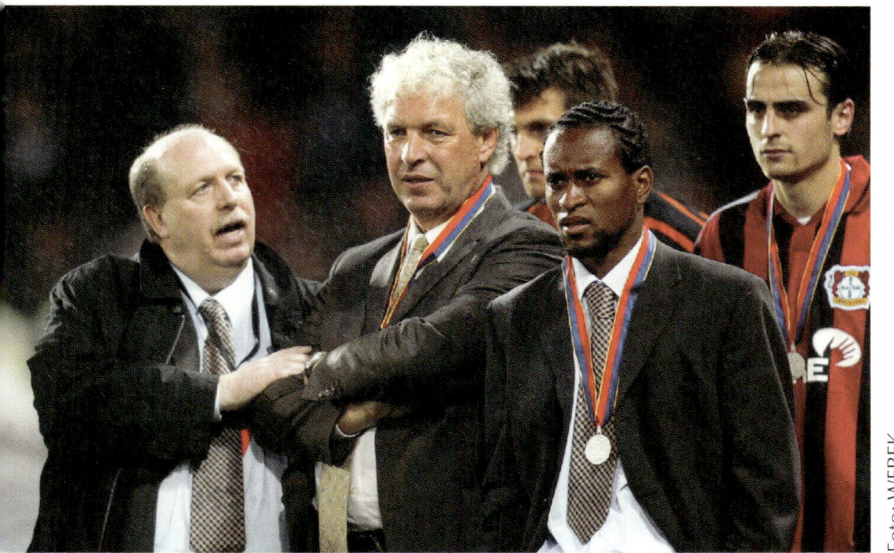

Das darf doch nicht wahr sein! Dreimal Vize in einer Saison.

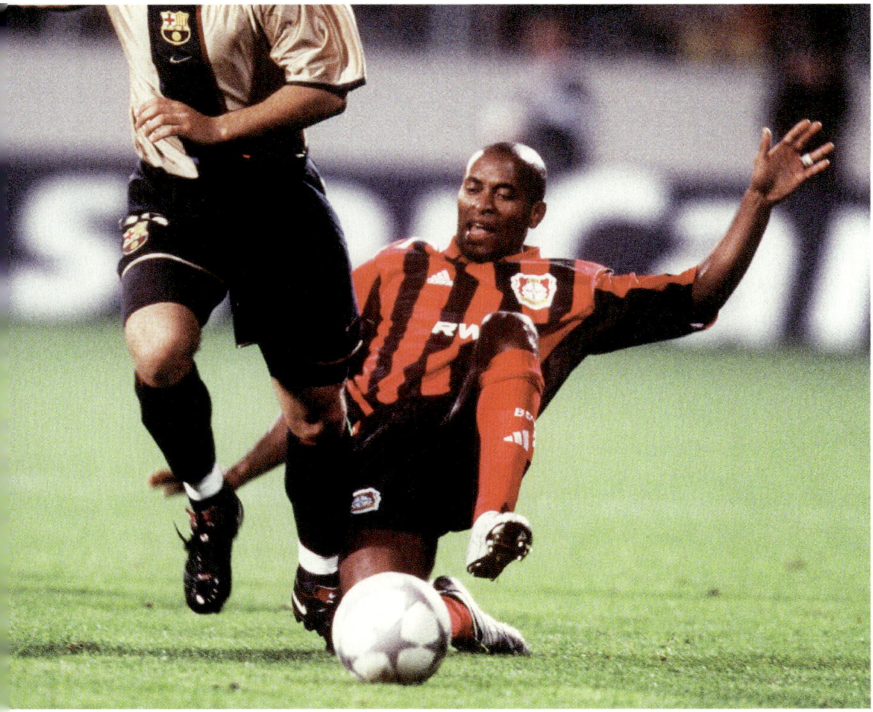
Foto: Rauchensteiner

Zé Roberto im Spiel Leverkusen gegen Barcelona 2001.

Früher Blechhütte, heute Villa. Ein wirklich erstaunlicher „Umzug".

Märchenhochzeit mit seiner Traumfrau Luciana.

Reporter provozierend gefragt. Er kam mit Sicherheit nicht aus der Gegend, denn sonst hätte er eine solche Frage nicht gestellt. Wir hatten ein Haus in einem Dorf namens Hitdorf. Wir haben uns da sehr wohl gefühlt. Manchmal habe ich einfach vor Freude gelacht, wenn ich morgens in mein Auto gestiegen bin, um zum Training zu fahren. Was ging es uns doch gut! Vor allem erinnere ich mich gerne an unsere brasilianischen Grillpartys im Garten. Da lag so manches Pfund Rindfleisch auf den glühenden Kohlen und wir hatten Spaß dabei. Mit Emerson, Robson Ponte und Paulo Rink von Bayer Leverkusen und den Dortmunder Spielern Dedé und Evanilson bildeten wir so eine richtige Grill-Familie. Wenn wir mit rhythmischer Musik und südamerikanischem Rap in Fahrt gekommen waren, mimte ich auch schon mal den Clown oder spielte mit einem Mikrofon in der Hand Reporter. Wir haben uns bei solchen Gelegenheiten krank gelacht.

Da haben wir auch manchmal Zeitungsartikel rund gehen lassen und uns kaputtgelacht, wenn wieder völliger Unsinn geschrieben wurde. Zum Beispiel brachte eine spanische Zeitung die Meldung, ich würde meinen ehemaligen Club Real Madrid wegen noch ausstehendem Gehalt auf eine Million Mark Schadenersatz verklagen. Nun, ich hatte schon Grund zum Klagen in Madrid, aber ganz sicher nicht wegen eines solchen Unsinns. Meine Klage ging mehr in die Richtung, dass ich gemeint hatte, ich wäre zum Fußballspielen nach Spanien gekommen und nicht, um die Bank platt zu sitzen.

Bereits die erste Saison bei Bayer 04 hat mir viel Freude gemacht. Ich wurde von den anderen sehr gut ins Team aufgenommen und hatte schnell meine Anspielpartner ausgemacht. Carsten Ramelow zum Beispiel, mit dem ich mich sehr gut verstanden habe. In der Saison 1999/2000 konnte ich gegen Werder Bremen ein Superspiel machen. Ich glaube, es war gegen Ende der Saison. Ein Doppelpass mit Carsten, ein kurzer Sprint, ein harter Schuss – und schon zappelte der Ball im Netz. Wir gewannen 3:1 und ich war an allen drei Toren beteiligt. Ich hörte später, dass es für Bayer Leverkusen ein ganz besonderer Sieg war, denn 19 Jahre lang hatten sie versucht, im Bremer Weserstadion mal als Sieger vom Platz zu gehen. Ich war stolz, einen wesentlichen Beitrag zu diesem „historischen Sieg" beigetragen zu haben. Christoph Daum war natürlich mehr als happy. Er lobte in der Presse meine brasilianische Gelassenheit, Freude und Leichtigkeit. Ich sage es immer wieder: Mein Dribbling ist ein Geschenk Gottes. Wenn dann noch ein Pass zielgenau beim Mitspieler ankommt, dann bin ich einfach glücklich.

Die erste Saison in Deutschland 1998/1999 lief für mich hervorragend. Wir wurden Vize-Meister hinter den stark dominierenden Bayern aus München. Mit 15 Punkten Vorsprung ließen sie das Feld in der Saison hinter sich. Aber wir machten einige Superspiele. Zum Beispiel fuhren wir im Oktober 1998 den höchsten Auswärtssieg in der Geschichte des Vereins ein: 8:2 auf dem Bökelberg in Mönchengladbach. Ich glaube, die hatten sich unter „guter Nachbarschaft" etwas anderes vorgestellt, aber es lief an diesem Tag so gut für uns, dass wir ein Tor nach dem anderen schossen. Am Ende stieg Borussia Mönchengladbach in die 2. Liga ab. Obwohl sie oft nur knapp verloren hatten, reichte es in dieser Saison einfach nicht für den Klassenerhalt.

Die Hinrunde haben wir mit zehn Siegen und fünf Remis abgeschlossen. Nur zweimal gingen wir als Verlierer vom Platz. Dafür war die Rückrunde sehr durchwachsen, denn zehnmal haben wir nicht gewinnen können. Es fiel auf, dass wir auswärts sehr gut spielten, während wir zu Hause immer viele Punkte verloren. International lief es auch nicht so gut, denn nachdem wir im UEFA-CUP die erste Runde gegen FC Udinese ganz gut überstanden hatten, war dann leider in der zweiten Runde gegen die Glasgow Rangers Schluss.

Trotzdem war ich mit dem Saisonverlauf zufrieden. Ich spielte mich immer besser in die Mannschaft ein und verstand mich immer besser mit meinen Mitspielern. Ulf Kirsten wurde in dem Jahr mit 19 Treffern Vize-Torschützenkönig, dicht gefolgt von Oliver Neuville von Hansa Rostock, mit dem er bald zusammenspielen sollte. Wenn seine Latten- und Torpfosten-Knaller reingegangen wären, dann hätte Ulf sich mit Michael Preetz die Torjägerkanone teilen können. Nachdem die Saison so gut für uns gelaufen war, nahmen wir uns für die nächste Saison einiges vor: Wir wollten jetzt endlich die Meisterschale nach Leverkusen holen.

Ein Jahr der Extreme

Hätte mir jemand vorher gesagt, wie wir die Saison 1999/2000 beenden sollten, ich hätte ihn für verrückt erklärt. Aber es sollte eine Saison der Extreme werden. Mein zweites Jahr in Leverkusen war geprägt von erstklassigen Spielen und einem Finale, das immer unvergessen bleiben wird. Eine Saison zwischen Traum und Trauma. Die letzten drei Saisons hatte Leverkusen immer oben mitgespielt: 96/97 zwei Punkte hinter Bayern München, 97/98 hinter dem Überraschungs-Sieger der Saison 1. FC Kaiserslautern und den Bayern Dritter, dann 98/99 mit 15 Punkten Rückstand zweiter hinter den Bayern. Es musste doch irgendwie möglich sein, dass auch wir mal auf dem ersten Platz stehen konnten.

Und das hatten wir uns für diese Saison vorgenommen. Mit unserem Trainer Christoph Daum hatte Leverkusen einen Riesenschritt nach vorne getan, aber die Medien sahen bei dem Verein langsam einen Bayern-Komplex. Die Zielsetzung hatte der Trainer ganz klar mit uns besprochen: Wir wollen Meister werden. Dazu wurden neue Spieler geholt, die uns wirklich verstärken konnten: Bernd Schneider, Oliver Neuville und Robson Ponte. Dazu ein junger Spieler, der sich zum Shooting-Star entwickeln sollte: Michael Ballack.

Die Weichen waren also bereits vor der Saison auf Sieg gestellt. Christoph Daum ließ uns ein 4-3-3-System spielen, was bedeutete, dass wir grundsätzlich offensiv ausgerichtet waren. Mit Jens Nowotny und Robert Kovac hatten wir in der Innenverteidigung eine sichere Bank und im Mittelfeld war fast ein

Überangebot an Stars mit Emerson, Carsten Ramelow, Stefan Beinlich und Michael Ballack. Ich sollte auf der linken Außenbahn flexibel eingesetzt werden, mal mehr im Mittelfeld oder stärker nach vorne orientiert. Die Fachleute waren sich schnell einig: Bayer Leverkusen hatte für diese Saison einen absoluten Spitzenkader zusammengestellt. Und wir Spieler waren hungrig auf Erfolg.

Der Saisonstart war nicht schlecht. Für mich war dieses Jahr geprägt von einem persönlichen Highlight, das mich auch auf dem Fußballplatz beflügelte: die Geburt unseres Sohnes Endrik. Kurz nach der Geburt im Februar traten wir im Berliner Olympia Stadion gegen Hertha BSC Berlin an. Mittwochs wurde Endrik geboren und am Samstag lief ich wie die Feuerwehr über den Platz und versetzte die Hertha-Abwehr in Daueralarm. Ich wurde zum besten Spieler auf dem Platz und schoss sogar ein Tor. Ich holte mir den Ball an der Mittellinie, sprintete los, versetzte kurz vor dem Strafraum Van Burik und knallte aus 16 Metern den Ball dermaßen ins Berliner Tor, dass dem Torwart Kiraly die Spucke wegblieb. Zusammen mit Emerson lief ich zur Außenlinie und wir mimten die Baby-Wiege. Ich nuckelte dabei am Daumen. Dieses Tor habe ich meinem Sohn Endrik gewidmet. Wir Brasilianer denken in besonderen Situationen immer daran, dass wir unsere Tore jemandem widmen. Ich hörte, dass Jorginho eine Woche nach dem tragischen Tod des brasilianischen Formel1-Fahrers Ayrton Senna ein Tor geschossen hat. Anschließend ist er mit einem imaginären Lenkrad in Kurven über den Platz gelaufen, um so an seinen Freund Senna zu erinnern. Das ist typisch brasilianisch.

Nach der Hinrunde standen wir mit zwei Punkten Rückstand hinter den Bayern auf dem zweiten Platz. Die Runde lief so gut, dass wir nur eine Niederlage zu verschmerzen hatten. Im Gegensatz zur Saison 98/99 zeigten wir uns deutlich stärker im heimischen Stadion. Nach der Saison sollten wir sogar die heimstärkste Mannschaft der Liga sein. Genützt hat es uns letztlich nicht, denn das entscheidende Auswärtsspiel, das Spiel aller Spiele, wo wir die eine Hand schon fest an der Meisterschale hatten, haben wir verloren. Ich spielte in dieser Saison 27 Begegnungen und schoss sieben Tore. Leverkusen war in dieser Saison auch die Mannschaft, bei der die meisten Tore aus dem Spiel heraus entstanden sind. Ulf Kirsten war mal wieder Zweiter in der Torschützenliste und letztlich war es auch der Platz, den Leverkusen in der Tabelle einnehmen sollte. International war die Saison durchwachsen. In der Champions-League wurden wir in der Vorrunde in unserer Gruppe nur Dritter. Wir durften im UEFA-Cup weiterspielen, aber nach den ersten beiden Spielen gegen den FC Udinese war dann auch da Schluss. Wir konnten uns also ganz auf die Bundesliga konzentrieren.

Unser Trainer Christoph Daum führte in dieser Saison einige Trainingsmethoden ein, die ich in meinem ganzen Leben noch nicht erlebt habe. Es wurde immer extremer und eigenartiger. Daum holte Motivationskünstler zum Training und ließ die Mannschaft über einen Haufen Glasscherben laufen. Ich bin Gott dankbar, dass er mich davor bewahrt hat, denn immer, wenn der Trainer solche Methoden angewendet hat, war ich gerade mit der Nationalmannschaft unterwegs. Wäre ich da gewesen, hätte es mit Sicherheit Ärger gegeben, denn ein Zé Roberto rennt über den grünen Rasen und nicht über grünbraune Glasscherben!

Wenn ich daran denke, dann bin ich heute noch froh, dass mir diese Sachen erspart geblieben sind, denn so etwas sind für mich völlig verrückte Trainingsmethoden, die im Profifußball nichts verloren haben. Damit erntete Daum auch viel Spott in der Liga. So feixte der damalige Abwehrspieler von Borussia Dortmund, Jürgen Kohler: „Vielleicht lässt Daum die Spieler demnächst nach Niederlagen zur Strafe durch Feuerringe springen."

Schließlich hat der letzte Spieltag der Saison dann leider auch deutlich gemacht, dass solche Methoden nicht geeignet sind, eine Mannschaft zu motivieren.

Die Saison 1999/2000 wird als das „Jahr der Extreme" in die Bundesligageschichte eingehen. Selten hatten so viele Clubs eine reelle Chance auf den Titel. Einige Vereine, wie zum Beispiel Borussia Dortmund, investierten wie selten zuvor in neue Spieler. Was man bisher nur aus der italienischen oder spanischen Liga kannte, kehrte nun auch im großen Stil in die Bundesliga ein. Es wurden Millionen in neue Spieler investiert. Vor allem sollte den Chronisten auffallen, dass der Anteil der ausländischen Spieler stetig anstieg. Leverkusen hatte ja auch ganz gut eingekauft, und so wurde es eine spannende Saison, an deren Ende dann leider ein absolutes Trauma für uns stand. Trotz der vielen Millionen, die in gute Kader investiert werden, ist Fußball immer noch ein Spiel, das auf dem Rasen stattfindet. Und da ist wirklich alles möglich.

Herzschlag-Finale am Ende der Saison. Bayern München und Bayer 04 Leverkusen stehen Kopf an Kopf auf den ersten Plätzen der Tabelle. Nur noch ein Spiel, nur noch 90 Minuten, und dann war es geschafft. Aber: Leverkusen durfte auf keinen Fall verlieren. Bayern spielte zu Hause gegen Werder Bremen. Wir mussten auch in die Gegend. Der Name des Vereins geht mir heute immer noch irgendwie sehr schlecht über die Zunge.

Er sollte sich zum Trauma für den ganzen Verein entwickeln: Unterhaching.

Bayern gewann im eigenen Stadion mit 3:1 gegen Werder. Wir gingen in Unterhaching mit 0:2 unter. Das bedeutete Punktgleichstand und die Bayern waren wieder Meister, weil sie ein besseres Torverhältnis hatten. Es war zum Heulen, und das haben wir dann auch ausgiebig getan. Wenn man mich heute nach meiner bittersten Niederlage in meiner bisherigen Fußball-Laufbahn fragt, dann brauche ich nicht lange zu überlegen: Unterhaching. Wenn ich daran denke, dass dieser Verein bis vor kurzem in der 3. Liga spielte, da kommt mir bei der Erinnerung noch immer die Galle hoch. So eine Mannschaft hat uns die Meisterschaft vermasselt!

Dieser Tag war eine unendliche Enttäuschung für uns als Mannschaft. Wir waren uns so sicher gewesen, dass wir Deutscher Meister werden würden. Vielleicht waren wir uns sogar zu sicher, denn Unterhaching war nun nicht gerade eine Spitzenmannschaft. Wir mussten nur unentschieden spielen und hätten die Schale in Händen halten können. Die komplette Führung des Vereins, die vielen Fans, die Betreuer und Trainer und natürlich auch wir Spieler waren auf Meisterschaftskurs. Natürlich wussten wir, dass die Meisterschaft noch nicht sicher war, aber so dicht dran war der Verein noch nie. Die Erwartungen waren also hoch und wir hofften natürlich alle, dass es diesmal klappt. Allerdings muss ich sagen, dass wir direkt vor der Partie sehr nervös waren. Es war eine eigenartige Stimmung. Na ja, schließlich war es ja auch so, dass unsere Träume platzten. Normalerweise sitzt die Mannschaft nach den Spielen immer noch zusammen. Und für den Abend war eine Meisterschaftsfeier geplant. Aber als der Schlusspfiff ertönte und uns bewusst wurde, dass die

Meisterschaft verspielt war, hatten wir zu einem gemeinsamen Saisonausklang keine Lust mehr. Einige Spieler hatten ohnehin ihren Urlaub im direkten Anschluss geplant. Sie verschwanden so schnell wie möglich aus dem Stadion. Und so strömte die Mannschaft einfach so auseinander. Jeder nahm seinen eigenen Frust mit in den Urlaub und versuchte, das Trauma selbst zu bewältigen. Wir haben uns dann erst zum Trainingsauftakt für die neue Saison wieder gesehen. Und da stand – so glaube ich – am 4. Spieltag Unterhaching auf dem Programm. Die hatten bei uns eine ziemlich große Rechnung offen ...

Zeit für die Familie zu haben ist für Zé Roberto sehr wichtig.

„Wer ist eigentlich hier für die Kleiderordnung zuständig?"
Ottmar Hitzfeld und Zé Roberto beim Training.

Foto: WEREK

Foto: Rauchensteiner

Ich liebe meine Fans. Wenn es geht, erfülle ich gern ihre Autogrammwünsche."

Meisterschaft und Pokal – Träume werden Wirklichkeit!

Vom Siegen und Verlieren

Jeder will Erfolg haben. Und so war die Niederlage in Unterhaching besonders schmerzlich. Wenn ich ein Spiel verliere, dann werde ich sehr traurig. Das merkt dann auch meine Familie. Aber man muss über Niederlagen hinwegkommen und immer wieder die Chance sehen, beim nächsten Mal als Sieger vom Platz zu gehen. Gerade während einer Fußball-Saison muss man sich immer wieder vor Augen führen, dass die Meisterschaft nicht mit einem Spiel gewonnen oder verloren wird, sondern dass alle Spiele gut sein müssen. In der Bundesliga hat man die Möglichkeit, 34-mal als Sieger vom Platz zu gehen. Natürlich klappt so etwas nie, aber man sollte es immer anstreben. Ich will einfach nicht verlieren, deshalb bin ich nach Niederlagen im ersten Moment immer etwas deprimiert.

Ich kann es nicht nachvollziehen, wenn die Medien oder auch Mannschaftskollegen einzelne Spieler in der Luft zerreißen oder vor der Öffentlichkeit niedermachen, nur weil sie mal schlecht gespielt haben oder sich vielleicht zum falschen Zeitpunkt haben auswechseln lassen. Es gewinnen immer alle und es verlieren immer alle! Ich werde nicht auf Spieler ärgerlich, die vielleicht mal nicht so gut gespielt haben. Fußball ist ein Mannschaftsspiel, und auch wenn es einige herausragende Spieler in einem Team gibt, so steht letztlich das ganze Team auf dem Rasen und gewinnt oder verliert.

Man kann Erfolge nicht erzwingen, das haben wir ja mit Bayer 04 in Unterhaching erlebt. Siege müssen auf eine ganz natürliche Weise kommen. Ich glaube, dass der wichtigste Faktor auf dem Weg zum Erfolg die Kameradschaft im Team ist. Man muss sich gegenseitig unterstützen und helfen. Das hängt natürlich auch vom Trainer ab, wie er ein Team einstellt und wie trainiert wird. Wenn die verschiedenen Puzzlesteine zusammenkommen, hat die Mannschaft 90 Prozent Chancen zu gewinnen.

Auch das übrige Umfeld eines Vereins ist für den Erfolg wichtig. Wenn die Trainer es schaffen, aus den verschiedenen Spielertypen ein Team zu formen und die Manager nicht nur auf ihre eigenen Vorteile bedacht sind, sondern für die Mannschaft arbeiten, dann wird es mit Sicherheit viele Erfolge geben.

Natürlich gibt es immer wieder auch Spieler, die nur an sich denken. Sie wollen unbedingt jedes Tor schießen, weil sie dann in der Presse gut rauskommen. Andere wiederum haben das Wohl der Mannschaft im Blick. Wenn jeder so denken würde, wäre das eine gute Basis für den Erfolg einer Mannschaft. Sieg oder Niederlage, das hat natürlich auch Auswirkungen auf das Bild, das in der Öffentlichkeit von dem einzelnen Spieler gezeichnet wird. An einem Spieltag der Held, am nächsten Spieltag nach 20 Minuten ausgewechselt, auch so etwas kommt vor. In der deutschen Medienlandschaft werden die Spieler oft in der Luft zerrissen, wenn sie mal nicht gut spielen. Mein Start beim FC Bayern in die Saison 2002/2003 war nicht ganz geglückt. Ich war verletzt und konnte daher nicht so aufdrehen wie in meiner letzten Saison bei Bayer 04 Leverkusen. „Fehleinkauf!", so lautete schnell das Urteil. Manche meinten, dass ich beim Team von Leverkusen glänzen konnte, weil dort nicht so viele Superstars wie bei den Bayern spielten. Ich muss ehrlich zugeben, dass mir diese Kritik wehgetan hat. In Leverkusen hatte ich ein Jahr erlebt, in dem es überwiegend sehr gute Kritiken gab, und plötzlich wurde ich niedergemacht. Besonders hat mich geärgert, dass diejenigen mich kritisierten, die von meiner Verletzung wussten. Das war nicht fair.

Eigentlich sehe ich aber Kritik grundsätzlich positiv. Nur durch Kritik wird man besser. Außerdem hilft sie, dass man auf dem Boden bleibt und nicht denkt, man sei jetzt der „Weltstar in Person". Kritik macht mich mit Sicherheit stärker.

Fußball hat viel mit Geld zu tun. Der Druck, gute Leistungen zu bringen, ist eigentlich immer vorhanden. Vor wichtigen Spielen erhöht er sich natürlich immens. Nicht alle Spieler können gleich gut damit umgehen.

Richtig hart wird es, wenn man kurz vor einem großen Erfolg steht und dann verliert. So etwas kann einen fürs Leben prägen, wenn man das nicht sehr schnell abschüttelt und wieder nach vorne schaut. Ohne Erfolg ist auch die Harmonie in einem Team schnell vorbei. Da fällt es schwer, die Ruhe zu bewahren und vernünftig zu bleiben. Es ist eben immer wieder sehr schwer, nicht als Sieger vom Platz zu gehen. „Niederlagen schweißen zusammen", so hat Ottmar Hitzfeld einmal gesagt. Er hofft dabei immer auf eine Trotzreaktion der Mannschaft. Er gehört zu den erfolgreichsten Trainern der Liga, und das gibt ihm Recht.

Eine Niederlage ist es aber auch, wenn man trotz guter Leistungen keine Berücksichtigung in der Nationalelf findet. Mir ist das passiert. Unsere Saison mit Bayer Leverkusen im Jahr 2002 war nun wirklich nicht schlecht, aber der brasilianische Trainer Scolari wollte mich nicht mit zur WM nach Japan/Südkorea nehmen. Ich war ganz schön sauer! In der Saison habe ich 17 Torvorlagen gegeben. Ich hatte eine Super-Saison hinter mir mit einigen Traumspielen. Und dann ließ der mich einfach zu Hause. Wie es ist, Fußball-Weltmeisterschaften im Fernsehen zu sehen, das kannte ich noch aus meiner Kindheit. Nur dass ich damals gebannt und begeistert vor dem Bildschirm saß, während ich diesmal immer gedacht habe, ich würde jetzt gleich eingewechselt.

Die Saison 2001/2002 war vielleicht die beste in der Vereinsgeschichte von Bayer Leverkusen. Wir hatten eine Super-Meisterschaftsrunde gespielt, waren in der Champions-League im Endspiel, standen im Pokalendspiel. Aber Scolari hatte die Mannschaft schon lange im Kopf, ohne mich. Für einen Moment habe ich an Rücktritt gedacht, aber das wäre zu einfach gewesen. Ich wollte mich irgendwie wieder in Szene setzen und mich für die Spiele nach der WM empfehlen. Aber es schmerzte mich sehr. Ich war übrigens nicht der einzige Bundesliga-Legionär, den Scolari verschmähte. Amoroso, Ailton, Marcelinho und Elber erging es genauso.

Vier Jahre zuvor gehörte ich zum WM-Team in Frankreich. Bei einer WM dabei zu sein, ist das Größte im Leben eines Profi-Fußballers. Kurz bevor ich in die Bundesliga wechseln sollte, stand ich gemeinsam mit Dunga, Beto, Aldair, Cafu, Emerson, Roberto Carlos, Ronaldo, Taffarel, Rivaldo und anderen plötzlich im Endspiel gegen Frankreich. Im Kader spielten einige Christen und wir beteten immer vor den Spielen zusammen und lasen in der Bibel. Dann gingen wir raus und gewannen. Vor dem Endspiel haben wir das auch getan – und dann gingen wir raus und verloren. Trotzdem haben wir nicht vergessen, Gott für dieses tolle Ereignis zu danken. Im Endspiel einer Fußball-WM zu stehen, das war etwas ganz Besonderes, auch wenn ich selbst nicht spielte und auch während der gesamten WM nur zweimal spielen durfte. Die besten Spiele in der Nationalelf machte ich während des America Cups 1999. Wir wurden Sieger und ich durfte mich zur Stammelf zählen.

Mit unserem Trainer Zagallo verband mich eine besondere Beziehung. Er mochte meine Spielweise. Zagallo ist der erste Akteur der WM-Geschichte, der sowohl als Spieler (1958 in Schweden und 1962 in Chile) als auch als Trainer (1970 in Mexiko) Weltmeister wurde. Ich traf ihn nach meiner Nicht-Berücksichtigung durch Scolari bei einem Benefizspiel zugunsten von Straßenkindern in Krefeld. Eine Weltauswahl um Jorghinho und Wynton Rufer spielte gegen den frisch gebackenen Meister Borussia Dortmund. Zagallo sagte bei der anschließenden Pressekonferenz, er halte es für einen Fehler, dass Scolari mich nicht zur WM mitnehmen würde. Das war Balsam auf meine wunde Seele.

Nach der WM 2002 hat Zagallo übrigens noch einmal für ein Spiel die „Selecao" betreut. Wir spielten gegen Südkorea – und natürlich durfte ich spielen. Das hat mich so gefreut, dass ich zum besten Spieler auf dem Platz wurde. Ich gab einen Traumpass auf Ronaldo zum 1:1 und schoss danach selbst noch ein Tor, das allerdings wegen Abseits nicht gegeben wurde. Wir verschafften Zagallo schließlich mit einem 3:2 Sieg einen Abschied nach Maß.

Dieses Spiel war noch aus einem anderen Grund für mich sehr wichtig: Da es das letzte Spiel unter Zagallo war, hatte es natürlich im Heimatland eine überdimensionale Aufmerksamkeit. Ich wollte mich unbedingt durch dieses Spiel für den neuen Nationalcoach Carlos Alberto Parreira empfehlen. Wer in der brasilianischen Nationalelf spielen darf, ist übrigens mehr als ein Sieger. Schließlich gibt es an guten brasilianischen Spielern eine ganze Menge. Wenn es ein Spieler in die erste Elf schafft, dann muss er extrem dafür kämpfen, dass er in der Mannschaft bleibt, denn jede Position ist doppelt und dreifach gut besetzt.

Ich will unbedingt in der Mannschaft bleiben und mein absoluter Traum wäre es, bei der WM 2006 in Deutschland mit Brasilien anzutreten!

J . . .

Nach dem brasilianischen Sieg der WM in Japan/Südkorea spielten sich unglaubliche Szenen im Stadion ab. Die Brasilianer waren völlig aus dem Häuschen. Viele Spieler wechselten ihre Trikots gegen T-Shirts mit Botschaften wie „Jesus lebt!". Lucio und einige andere Spieler knieten spontan am Spielfeldrand nieder und dankten Gott. Im Fernsehen kommentierte im ZDF der Reporter Béla Réthy das Spiel und sagte, dass es sich dabei um einen Zauber oder ein heidnisches Ritual handele.

Da kann man nur mit dem Kopf schütteln. In Deutschland scheinen einige Reporter vom christlichen Glauben nicht viel mitbekommen zu haben. Die brasilianischen Spieler haben sich bei Gott bedankt für ein tolles Spiel und zwei schöne Ronaldo-Tore. Christen bedanken sich eigentlich nach jedem Spiel bei Gott, egal, ob es gewonnen oder verloren wurde. Dass wir miteinander beten, ist ein ganz normaler Vorgang. Normalerweise machen wir das nach einem Spiel in der Kabine. Nach dem WM-Sieg war es anders, denn Lucio und die anderen taten es öffentlich auf dem Spielfeld. Vielleicht wollten sie vor aller Welt deutlich machen, wem sie den Sieg verdankten.

Dieser Dank fiel umso herzlicher aus, weil vor dieser WM keiner Brasilien auf seiner Siegerliste hatte. Ähnlich wie beim deutschen Team standen wir nicht besonders hoch im Kurs und waren für viele nicht einschätzbar. In der Qualifikation schaffte es Brasilien gerade so in die Endrunde. Viele meinten daher, dass für dieses Team wohl nach den ersten Gruppenspielen Schluss sein dürfte. Aber es sollte anders kommen. Lucio,

Cacau, Cacá und die anderen Christen im Team gingen mit der Einstellung in die WM, dass Gott das Unmögliche möglich machen konnte. Und so geschah es ja auch.

In der Bundesliga habe ich nach Toren oder besonders guten Spielen auch immer die Gelegenheit genutzt, darauf hinzuweisen, wem ich mein Fußball-Talent verdanke. Auf meinem Unterhemd standen immer Botschaften wie „Jesus liebt dich!" oder „Jesus lebt" oder auch „Jesus ist treu". Nicht nur ich hatte mir das zur Angewohnheit gemacht, auch die anderen brasilianischen Christen schrieben Botschaften auf ihre T-Shirts. Mir war immer bewusst, dass mein Glaube auch Auswirkungen auf meine Spielweise haben musste. Wenn ich auf den Platz gehe, denke ich nicht nur an den „Sieg um jeden Preis". Ich möchte fair bleiben, möchte nicht mit üblen Tricks arbeiten und uns keinen Sieg „erschleichen". Wenn ich auf den Platz gehe, dann bitte ich Gott nicht nur um den Sieg, sondern vor allem um Bewahrung vor Verletzungen. Vielleicht bin ich für einige Gegenspieler einfach zu schnell, dass sie mich nur per Foul stoppen können. Die Verletzungsgefahr empfinde ich immer als groß. Dabei ist es auch wichtig, dass ich nicht Gleiches mit Gleichem vergelte. Ich weiß, dass wir Fußballer für viele Jugendlichen ein Vorbild sind. Deshalb achte ich darauf, wie ich spiele und wie ich mich nach einem Spiel verhalte.

Ich habe die T-Shirts getragen, weil ich den Fans etwas mitzuteilen hatte. Als ich in der Saison 2001/2002 Tore schoss, konnte ich den Leuten zeigen, dass Jesus nicht nur mich, sondern auch sie liebt. Jesus liebt wirklich jeden von uns. Wir können zu ihm eine gute Beziehung aufbauen. Dazu steht sehr viel in der Bibel. Jesus hat eine Brücke zwischen Gott und Menschen geschlagen und hat uns damit einen Traumpass fürs Leben gespielt. Das wollte ich mit den Botschaften auf meinen T-Shirts deutlich machen.

Für die Saison 2002/2003 hat die Deutsche Fußball-Liga (DFL) jegliche religiöse Aussagen unter dem Trikot verboten. Das muss man sich mal vorstellen! Deutschland ist schon ein eigenartiges Land. Für jeden Blödsinn darf geworben werden, jeder noch so komischen Weltanschauung wird nachgelaufen, aber wenn Christen auf ihren Glauben hinweisen, dann fühlen sich einige anscheinend bedroht. An alles darf geglaubt werden, nur nicht an Gott. Der kommt einem auf einmal so nahe. Wenn Trainer mit einem stinkenden blauen Pullover auf der Bank sitzen, weil er ihnen anscheinend Glück bringt, wenn er bis zur nächsten Niederlage nicht gewaschen wird, wenn Trainer selbst bei schönstem Sommerwetter einen Schal tragen, nur weil sie sich davon Glück erhoffen, dann sagt niemand etwas. Wenn aber Brasilianer ihre Freude und ihren Dank Gott gegenüber ausdrücken, dann muss ein Gremium darüber entscheiden, dass das nicht gestattet ist. Lachhaft, wenn es nicht so traurig wäre. Das Nachrichtenmagazin „Focus" bezeichnete diese Verordnung als „Anti-Jesus-Verordnung". Profis, die dagegen verstoßen, müssen vom Schiedsrichter im Spielbericht erwähnt werden.

Aber Gott findet immer Wege, dass wir auf ihn aufmerksam machen können. Nachdem das Verbot ausgesprochen wurde, hatte mein Freund Cacau die zündende Idee. Heute hat er unter seinem Trikot ein T-Shirt, auf dem einfach steht: „J ..."

Ich weiß nicht, ob ein Schiedsrichter in seinem Spielbericht jemals niedergeschrieben hat: „Spieler Cacao lüftete sein Trikot und trug darunter ein T-Shirt mit dem Buchstaben J." Ich könnte mir sogar vorstellen, dass einige der Verbandsleute mit einer solchen Nachricht gar nichts anfangen könnten. Nur die Fans, die wissen genau, wer damit gemeint ist. Und das genügt! Der Abstiegskampf der Saison 2002/2003 war bis zum letzten Spieltag spannend. Leider hing mein vorheriger Verein ganz böse im Abstiegsstrudel und es hätte Bayer Leverkusen fast erwischt. Nach dem 1:0-Sieg in Nürnberg stürmten die Spieler auf den Leverkusener Fanblock zu. Mein brasilianischer Freund Lucio zog sein Trikot aus und auf seinem Unterhemd stand in großen Buchstaben: „Danke, Jesus ..." Ich glaube, alle Fans konnten das in dem Augenblick voll und ganz nachvollziehen.

Mächtig viel Theater

Es gibt verrückte Situationen im Fußball, und nicht alle haben mit dem runden Leder und dem grünen Rasen zu tun. Nachdem wir in der Saison 1999/2000 alles auf eine Karte gesetzt hatten und mit Bayer Leverkusen am letzten Spieltag unser Unterhaching-Trauma erleben mussten, sollte die Saison 2000/2001 geprägt sein von einer Affäre und einem Theater, wie es die Bundesliga vielleicht noch nie erlebt hat.

Die Situation ist kurz beschrieben: Die deutsche Nationalmannschaft hatte eine absolut verkorkste Europameisterschaft 2000 gespielt und es war um den deutschen Fußball nicht gut bestellt. Eine Krisensitzung jagte die andere und die Presse war jeden Tag voll mit neuen Spekulationen, wer denn den deutschen Fußball jetzt retten könnte. Schließlich wurde eine so genannte „Interimslösung" mit unserem Sportdirektor Rudi Völler gefunden, der dann ein Jahr später den Chefsessel des Nationalteams an unseren Cheftrainer Christoph Daum abgeben sollte. Das sorgte natürlich nicht gerade für Ruhe im Verein, und auch an uns Spielern ging das alles nicht ganz spurlos vorbei.

Große Aufgaben standen vor uns, denn wir wollten die „Schmach von Unterhaching" natürlich tilgen und einen neuen Anlauf auf die Meisterschale unternehmen. Gleichzeitig waren wir direkt für die Champions League qualifiziert und wollten natürlich auch auf internationalem Rasen zeigen, was wir draufhatten. Auf die Frage des Fachmagazins „Kicker", ob Christoph

Daum es denn diesmal schaffen würde, nachdem er „mit der stärksten Elf, die ich je hatte" in der letzten Saison nicht Meister geworden war, sagte er voller Überzeugung: „Sie können vergeblich versuchen, mich vom Gegenteil zu überzeugen!" Er sollte keine Möglichkeit bekommen, es unter Beweis zu stellen. Mit Emerson und Beinlich hatten zwei Leistungsträger im Mittelfeld den Verein verlassen. Auf der Seite der Zugänge war kein echter Knaller dabei. Daum wollte es mit fast derselben Elf probieren, die in der letzten Saison Zweiter geworden war. Der Plan lautete: Daum sollte die Saison zu Ende trainieren und im Mai 2001 dann Bundestrainer werden. Für die Fachpresse war das natürlich ein dankbares Thema. Würde Daum die Mannschaft motivieren können, wenn doch schon vor der Saison feststand, dass er am Ende Bundestrainer werden würde? Er selbst wurde fast ein bisschen rabiat, wenn er darauf angesprochen wurde, und wies immer darauf hin, dass es einen „50-Prozent-Daum" nicht geben würde. Letztlich hat er uns bis zum achten Spieltag betreut – und das war auf die Saison gesehen dann noch nicht einmal ein 25-Prozent-Daum ...

Wir starteten mit einem 2:0 gegen den VfL Wolfsburg in die Saison, das zweite Spiel ging dann mit einer 4:1-Niederlage beim VfB Stuttgart völlig in die Hose. Am dritten Spieltag kam es dann zur Revanche gegen Unterhaching. Der 20. Mai 2000 steckte noch in unseren Köpfen. Knapp vier Monate später hatten wir die Möglichkeit, das Trauma zu besiegen. Es war ein extrem kampfbetontes Spiel, aus dem wir schließlich mit 1:0 als Sieger hervorgingen. Wir kassierten dabei fünf gelbe Karten. Es folgte ein Unentschieden in Köln und danach verhalfen wir am 5. Spieltag Hansa Rostock zum ersten Saisonsieg. Irgendwie war das nicht gerade ein Start nach Maß, doch diese Saison sollte ohnehin nicht gerade die ruhmreichste in der Vereinsgeschichte werden.

Auf dem internationalen Parkett starteten wir alles andere als berauschend. Am dritten Spieltag der Vorrunde der Champions League kam es zu einer Begegnung, die in mir besondere Gefühle hervorrief: Real Madrid. Einige der Spieler, die bei meinem kurzen spanischen Intermezzo bereits dort spielten, waren jetzt immer noch in der Mannschaft. Das war für mich natürlich ein besonderer Ansporn, das Beste zu geben. Doch auch an diesem Abend war das Beste nicht genug, denn wir verloren zu Hause gegen Real mit 2:3. Ausgerechnet mein brasilianischer Teamkollege aus der Nationalmannschaft, Roberto Carlos, schoss in der 75. Minute das Siegtor für die Spanier, nachdem er bereits das 1:0 für Real erzielt hatte. Das Rückspiel in Madrid im voll besetzten Bernabeau-Stadion gehörte zu den Spielen, bei denen die Fans voll auf ihre Kosten kommen. Acht Tore, was will man mehr? Es hätten nur einige mehr für uns sein können, denn wir wurden mit einer 3:5-Niederlage nach Hause geschickt. Die nächsten beiden Spiele mussten gewonnen werden. Nach einem Unentschieden am letzten Spieltag der Vorrunde war unser Ausscheiden aus der Meisterklasse endgültig besiegelt. Wir mussten uns bereits nach der Vorrunde der Champions League in Richtung UEFA-Cup verabschieden, den wir dann nach zwei Spielen gegen AEK Athen nach einem 4:4 und einer 0:2 Niederlage in Athen ebenfalls verlassen mussten.

Vor dem achten Spieltag der Bundesliga ging dann das Theater erst richtig los. Wir standen auf dem achten Tabellenplatz und mussten nach Bremen. Nach Angriffen von Uli Hoeneß, der sich auf Zeitungsveröffentlichungen bezog, sah sich Daum mit Drogenvorwürfen konfrontiert. Ein solches Medientheater hatte ich bis zu diesem Zeitpunkt noch nicht erlebt. Jeden Tag gab es neue Meldungen. Reiner Calmund stellte sich vor den Trainer. Es entbrannte ein großer Ärger zwischen Calmund und Hoeneß.

Die Medien griffen das Thema auf und es machte fast den Anschein einer großen Schlammschlacht. Manche vermuteten, dass die Rivalität der Clubs im Kampf um die Meisterschaft nun auf die persönliche Ebene gezogen würde. Selbst der Verband wurde tätig, ging es doch schließlich um das Ansehen des designierten Nationaltrainers.

Letztlich sollte aber Hoeneß Recht behalten, denn eine Haaranalyse brachte zutage, dass unser Trainer tatsächlich Drogen genommen hatte. Die Konsequenz: fristlose Entlassung, bzw. Daum hatte selbst um die Vertragsaufhebung gebeten. Das war ein echter Keulenschlag für die Mannschaft.

Ich muss allerdings sagen, dass es mich nicht wirklich überrascht hat. Wer Daum ein bisschen besser gekannt hat, hat ihm zunehmend angemerkt, dass mit ihm etwas nicht stimmte. Ich habe öfter daran gedacht, ob unser Trainer wohl irgendwie unter Drogen stand. Wenn er zum Training kam, sagte er nur ein knappes Hallo und ließ uns dann merkwürdige Dinge trainieren. Das größte Problem war, dass es extrem schwer wurde, mit ihm in Kontakt zu treten. Die Kommunikationsfähigkeit nahm zunehmend ab. Ich glaube, das war unser größtes Problem zum damaligen Zeitpunkt. Grundsätzlich muss die Kommunikation zwischen Trainer und Mannschaft intakt sein. Es muss ein Vertrauensverhältnis bestehen. Wenn das angeknackst ist, werden die Spieler mit Sicherheit auf dem Platz nicht ihr Bestes geben.

Wir Spieler haben die Zeitungs- und Fernsehberichte damals natürlich auch aufmerksam verfolgt, aber wir haben es völlig ausgeblendet. Auch wenn das alles sehr medienwirksam war, so hielten wir es doch für eine Privatsache unseres Trainers. Wenn wir uns damit beschäftigt hätten, hätten wir vielleicht den Respekt vor ihm verloren, und das wäre für unsere Spiele verhängnisvoll gewesen. Also haben wir das getan, was die Aufgabe von Spielern ist: trainieren und spielen.

Als die Bombe dann platzte, habe ich spontan für Christoph Daum gebetet, denn mir war klar, dass Gott Erbarmen mit seinem Leben haben musste, denn es würde eine harte Zeit vor ihm liegen. Und das Medientheater war ja auch entsprechend groß. Wenn Daum mit Gott gelebt hätte, wäre ihm das sehr wahrscheinlich nicht passiert, denn dann hätte er nicht sein Glück bei den Drogen oder beim Alkohol suchen müssen. Ich persönlich habe eine ganz andere Art von Glück gefunden.

Unser Sportdirektor Rudi Völler sprang kurzfristig ein und holte mit uns zehn Punkte in den nächsten vier Spielen. Wir hatten noch nicht einmal ein Gegentor kassiert. Es schien wieder aufwärts zu gehen mit Leverkusen. Nach dem 12. Spieltag standen wir auf dem dritten Platz. Rudi Völler schaffte es, aus unserer Mannschaft wieder ein Team zu machen. Die Präsentation auf dem Platz war völlig anders als vorher. Seine ruhige Art, wie er mit Spielern umzugehen pflegt, hat uns neues Vertrauen gegeben. Und wir konnten uns auf unsere Stärken auf dem Platz konzentrieren, weil wir glaubten, dass nun wieder etwas mehr Ruhe in den Verein kommen würde. Das Umfeld, inklusive der Medien, hat selbstverständlich auch einen Einfluss, wie eine Mannschaft spielt. Wenn ständig Theater im Verein ist, dann bleiben davon auch die Spieler nicht unberührt.

Parallel zu den Vereinsangelegenheiten hatte der deutsche Fußball natürlich noch ein ganz anderes Problem zu lösen: Wer sollte denn nun an Daums Stelle Nationaltrainer werden? Wir waren schon überrascht, als der endgültige Nationalcoach dann schließlich Rudi Völler hieß. So war die tägliche Zusammenarbeit mit ihm nur von kurzer Dauer.

Reiner Calmund wartete schließlich mit einer echten Überraschung auf: mit Berti Vogts, dem ehemaligen Nationaltrainer von Deutschland. Das erste Spiel unter seiner Führung gewannen wir in Hamburg mit 3:1. Plötzlich standen wir da, wo wir auch gerne zum Saisonende stehen wollten: auf Platz 1. In einem Interview mit einem großen deutschen Fernsehsender sagte Vogts bei seinem Dienstantritt: „Es ist leichter, Bundesliga-Coach zu sein als DFB-Teamchef." Er sollte sich täuschen. Mit ihm kamen später noch die ehemaligen Bundesliga-Profis Pierre Littbarski, Toni Schumacher und Wolfgang Rolff zum Trainer-Stab. Eine einmalige Teamlösung, die ich so auch noch nie erlebt habe.

Zum Saisonende merkte die Öffentlichkeit immer mehr, dass es im Trainerstab mächtig knirschte. Man hat mir erzählt, dass es in Deutschland ein Sprichwort gäbe, das hieße: „Viele Köche verderben den Brei." Nun, diese Saison hat gezeigt, dass Trainer und Köche etwas gemeinsam haben ...

Viele erinnern sich vielleicht an das legendäre Foto, wo Berti Vogts und Pierre Littbarski am Spielfeldrand stehend exakt gegenteilige Anweisungen an die Mannschaft geben. Der eine beorderte die Mannschaft nach hinten, der andere gestikulierte „mehr Druck nach vorne". So etwas war natürlich ein gefundenes Fressen für die Medien, und sie zeigten den Fans deutlich, dass es im Trainergespann nicht mehr stimmte.

Am 27. Spieltag fanden wir uns auf Platz 4 der Tabelle. Aber zu Hause 0:3 gegen Schalke 04 zu verlieren, das wurde uns von den Fans sehr übel genommen. Durch die Bank machten wir alle ein schlechtes Spiel. Unser Mittelfeld (inklusive Zé Roberto) verdiente sich eine kollektive Note 5, im Sturm sah es auch nicht besser aus und Juric im Tor fühlte sich zu Recht von der Abwehr im Stich gelassen. Es musste etwas passieren. Zwar gewannen wir danach in Frankfurt mit 3:1, aber das nächste Heimspiel gegen Freiburg wurde mit 1:3 verloren. Die Fans hatten jetzt die Nase gehörig voll, zeigten wir doch auf einmal wieder die typische Heimschwäche, die wir eigentlich überwunden zu haben schienen. Aus 1000 Kehlen grölte es im Stadion nach diesem Spiel: „Vogts raus!"

In solchen Situationen zuckt man als Spieler immer zusammen, denn schließlich steht ja nicht der Trainer auf dem Platz. Es war für uns eine Situation, die wir so lange nicht erlebt hatten. Die Fans waren über unsere Spielweise so erbost, dass sie den offenen Aufstand probten. Michael Ballack wurde öffentlich vom Trainer kritisiert. Das hob nicht gerade die Stimmung im Team. Michael litt noch lange unter der nicht vorhandenen Beziehung zu Vogts. Er empfand die Zusammenarbeit von Anfang an als schwierig. So ging es auch einigen anderen Spielern, was von Vogts später aber selbstkritisch auch angemerkt wurde.

Das Spiel gegen Freiburg war die achte Niederlage mit Berti Vogts als Cheftrainer. Auch unsere Spielweise wurde zunehmend ruppiger und so bildeten wir mit insgesamt acht Platzverweisen auf der Fairness-Tabelle der Liga in dieser Saison das absolute Schlusslicht. Irgendwie sah es nicht so aus, als könnten wir noch nach der Meisterschale greifen.

Für mich persönlich war es auch eine durchwachsene Saison, an deren Ende gerade mal 24 Einsätze und zwei Tore standen. Aber Berti Vogts hatte mir eine besondere Freude in der Winterpause bereitet: Er hat meinen Nationalmannschaftskameraden Lucio verpflichtet. Ich war sehr froh darüber, kannten wir uns doch aus der „Selecao". Lucio spielte Ende Januar zum ersten Mal für Leverkusen. Auf Anhieb verdiente er sich Bestnoten und allen war klar, dass er eine wirkliche Verstärkung für unser Team werden sollte. Am 20. Spieltag besiegten wir dann endgültig unser Unterhaching-Trauma, denn es ging zurück an die Stätte unserer bittersten Niederlage. Berti Vogts musste uns Spielern nicht viel sagen, die Motivation stimmte von Beginn an. Auch ich wollte dazu beitragen, auf gegnerischem Feld diesmal als Sieger vom Platz zu gehen. Wir gewannen mit 2:1 und die Flanke zum entscheidenden Kopfballtor durch Oliver Neuville kam von mir. So etwas tut einfach gut!

Mein bestes Spiel dieser Saison machte ich ausgerechnet gegen unseren großen rheinischen Rivalen, den 1. FC Köln. Unser Trainergespann heizte die Atmosphäre vor dem Spiel mächtig auf, denn schließlich hatten Toni Schumacher und Pierre Littbarski lange Zeit in Köln gespielt. Rivalitäten zwischen Clubs einer Region gibt es auf der ganzen Welt, aber die zwischen Leverkusen und Köln hat etwas Besonderes. Nachdem wir in der achten Minute bereits in Rückstand geraten waren, drehten wir extrem auf. Der beste Mann auf dem Platz war Lucio. „Man hat mir vorher gesagt, dass dies ein besonderes Spiel sei, deshalb habe ich auch eine solch gute Leistung gebracht", meinte er nachher in einem Interview. Lucio glich aus und mein Freund Michael Ballack zirkelte einen Eckball von mir mit dem Kopf ins Netz. Der Bann war gebrochen und wir gingen schließlich mit 4:1 als Sieger vom Platz. Lucio steuerte noch einen weiteren Treffer bei.

Vogts hatte mich übrigens vor diesem Spiel konditionell

durch einige Sonderschichten auf Vordermann gebracht. Einem Zeitungsreporter verriet er: „Wenn demnächst Brasiliens Nationaltrainer kommt, um Lucio zu beobachten, soll er auch Freude an einem fitten Zé Roberto haben."

Trotz des Sieges gegen den Lokalrivalen hatten wir in dieser Saison nichts mit dem Ausgang der Meisterschaft zu tun, denn die machten der FC Bayern München und Schalke 04 buchstäblich in letzter Sekunde unter sich aus. Auch so eine Situation, die in die Geschichtsbücher der Bundesliga eingehen wird. Als auf Schalke bereits die Sektkorken knallten, weil sich Spieler und Fans als Meister fühlten, kam es in Hamburg zu einer unvergesslichen Szene der Bundesliga, die einen fast zu einer Floskel verleitet: Das Spiel dauert 90 Minuten und meistens etwas länger. Der Freistoß in der Nachspielzeit von Andersson machte schließlich den FCB zum Meister. Und Schalke erlebte das, was wir in der Saison davor in Unterhaching erlebt hatten, nur noch eine Spur härter. Totenstille im Stadion, und langsam breitete sich eine tiefe Trauer auf den Rängen aus. Das muss furchtbar gewesen sein!

Für uns war die Saison auch noch nicht völlig abgeschlossen, denn einen Tag nach Saisonende kam dann die Meldung, mit der wir Spieler eigentlich schon etwas früher gerechnet hatten: Berti Vogts war nicht mehr Trainer von Bayer 04. Mit ihm gingen auch Pierre Littbarski und Wolfgang Rolff. Vom Dreiergespann blieb nur der Torwart-Trainer Toni Schumacher übrig. Ein Mitglied des Gesellschafter-Ausschusses beschrieb die Mannschaft dieser Saison als „taktisch, körperlich und nervlich in einem jämmerlichen Zustand". Da wurde vom Management gehandelt. Der neue Mann war schnell gefunden: Klaus Toppmöller, der schon zum Favoritenkreis zählte, als dann schließlich

Berti Vogts verpflichtet wurde. Mit ihm wurde das genaue Gegenteil zu Vogts verpflichtet. Die Medien hatten ihr Thema, denn von Toppmöller wurde ein Zitat über seinen Vorgänger kolportiert, das ziemlich deftig war: „Wenn ich so Fußball gespielt hätte wie Vogts, so als reiner Wadenbeißer, dann hätte ich mit 18 Jahren meine Fußballschuhe verbrannt."

Wir Spieler waren gespannt, welche neuen Akzente der neue Trainer setzen würde. Eins wurde schon bei den ersten Trainingseinheiten deutlich: Toppmöller fand einen guten Draht zu den Spielern und kreierte eine Spielkultur, die der Mannschaft den Spaß am Fußball zurückgab.

Eine Mannschaft wird geformt

Ich habe bereits durchblicken lassen, dass wir Brasilianer nicht alles so ernst nehmen und immer für ein Späßchen bereit sind. Aber das ging mir fast zu weit: Wir schreiben den 23. März 2002. Die Begegnung Bayer Leverkusen gegen TSV 1860 München ist gerade 81 Minuten alt, als ein entfesselter Ulf Kirsten auf mich zugerannt kommt und vor mir niederkniet. Ein Küsschen links, ein Küsschen rechts auf meinen silbernen Fußballschuh als Dank für eine maßgeschneiderte Vorarbeit. Kurz vorher hatte ich ihm eine Flanke aufgelegt, die er zielsicher zum 4:0 verwandelt hatte. Zum Glück hat er so etwas nicht nach jedem Traumpass gemacht, sonst hätte ich ständig feuchte Schuhe gehabt ...

Wir feierten in der BayArena mal wieder ein Fußballfest der besonderen Art. Einer von 21 Siegen in der Saison 2001/2002, die als erfolgreichste Saison in die Leverkusener Geschichte eingehen sollte.

Bereits zu Beginn der Saison stellten wir fest, dass irgendetwas anders war. Nach dem spannenden Saisonfinale vor der Sommerpause erwarteten die Fans nun eine ganz besondere Saison. Die Vereine wollten offensichtlich den Erwartungen entsprechen und investierten die Rekordsumme von fast 150 Millionen Euro in neue Spieler. Ein Brasilianer wurde zum teuersten Bundesliga-Spieler aller Zeiten, denn Borussia Dortmund soll über 25 Millionen Euro allein für Amoroso gezahlt haben. Das sind natürlich Summen, die viele Fans fragen lassen, ob hier nicht etwas völlig aus dem Ruder läuft. Als Spieler muss man sich von solchen Gedanken frei machen, denn wenn man mit dieser Summe im Kopf auf den Platz geht, kann man kein gutes Spiel machen. Ich sehe diese Dinge eigentlich ganz nüchtern: Wenn ein Verein bereit ist, eine solche Summe auszugeben, dann schätzt er einen Spieler auch so ein, dass er dieses Geld wert ist. Wenn dieser Spieler dann durch entscheidende Tore die Zukunft eines Vereins positiv beeinflusst, hilft das dem gesamten Verein. Probleme tauchen vor allem dann auf, wenn die Erfolge ausbleiben ...

Fußball ist im Laufe der Jahre zu einem gigantischen Wirtschaftszweig geworden. Es geht um sehr viel Geld. Wer kann es einem Spieler verdenken, wenn er seine Fähigkeiten für denjenigen einsetzt, der am meisten dafür bezahlt? Würden Arbeiter nicht auch ihre Stelle wechseln, wenn sie für die gleiche Arbeit einen besseren Lohn erhalten? Für Fußballspieler spielt es natürlich auch eine Rolle, wo sie sich am besten präsentieren können, und daher ist es verständlich, wenn sie Top-Angebote von Clubs annehmen, die um die Meisterschaft mitspielen. Ab einem gewissen Grad spielt Geld als Motivation aber keine Rolle mehr. Es gibt nichts Schöneres für einen Fußballer, als in einem erfolgreichen Team zu spielen! Daher stehen die sportlichen Ziele immer über den finanziellen. Was bringt es denn einem Spieler, wenn er ein dickes Gehalt bezieht, aber immer nur Zuschauer auf der Tribüne ist? In meiner Zeit bei Real Madrid wäre ich auch nicht glücklicher gewesen, wenn der Manager mir angeboten hätte, eine Erschwerniszulage zu erhalten, weil der Trainer mich immer auf der Bank sitzen ließ. Eher hätte ich auf Gehalt verzichtet, damit ich wenigstens spielen konnte.

Die Saison 2001/2002 war eine ganz besondere. Zum einen wurde nicht mehr so laut von Titelambitionen gesprochen. Zum anderen hatte Bayer Leverkusen eine Mannschaft, die den schönsten Fußball der Liga zelebrierte. Dass am Ende dann nur dreimal Vize heraussprang, birgt eine gewisse Tragik in sich, aber darauf komme ich später noch.

Das Schöne am Fußball ist, dass eine Mannschaft aus zwanzig bis fünfundzwanzig Spielern besteht, die jeder für sich zum Gesamterfolg beitragen müssen und trotzdem nicht allein gewinnen können. Eine gut funktionierende Mannschaft braucht die Lauten und die Leisen, die Künstler und die Arbeiter, die Wasserträger und die Ball-Virtuosen, die Kaltschnäuzigen und die Sensiblen. Auch wenn einzelne Spieler immer wieder in den Vordergrund gesetzt werden, so brauchen sie andere, die sie in Szene setzen. Wäre Gerd Müller allein zum „Bomber der Nation" geworden? Sicher nicht. Hätte ein Günter Netzer sein geniales Spiel aufziehen können ohne gute Mitspieler? Auch wenn das brasilianische Spiel völlig anders angelegt ist, so haben auch wir Brasilianer nicht nur Ballkünstler in einer Mannschaft. Ein Dunga hat eine völlig andere Spielweise als ein Roberto Carlos. Wie viele Ronaldos verträgt eine Mannschaft? Lucio spielt völlig anders als ich. Es geht nur gemeinsam.

Erfolgreiche Trainer schaffen es, aus einem Haufen von Individualisten eine Mannschaft zu formen, indem sie die Stärken jedes Einzelnen so einsetzen, dass sie sich ergänzen. Mit Heynckes, Daum, Vogts, Toppmöller und Hitzfeld habe ich bisher sehr unterschiedliche deutsche Trainer-Charaktere kennen gelernt. Toppmöller und Hitzfeld sind die beiden Trainer, die eine ähnliche Mentalität verkörpern und eine ähnliche Philosophie haben. Sie reden sehr viel mit den einzelnen Spielern und vermitteln ihnen Vertrauen. Das macht die Spieler stark. Wer weiß, dass der Trainer hinter einem steht und von den Qualitäten überzeugt ist, geht völlig anders in ein Spiel. Hitzfeld und Toppmöller sind Trainer, die eine Gruppe sehr gut zusammenführen und zusammenschweißen können. Toppmöller hat vor der Saison 2001/2002 viel in Gespräche mit den Spielern investiert. Auch mit mir hat er ein langes Gespräch geführt. Ich hatte schon fast die Lust am Fußballspielen verloren, aber der Trainer gab mir neues Selbstvertrauen dadurch, dass er mir seine volle Unterstützung zum Ausdruck brachte. Das Ergebnis konnte man dann in der Saison sehen. Es war meine beste Saison im Bayer-Trikot, vielleicht sogar meine beste Saison der bisherigen Karriere überhaupt.

Auch bei Ottmar Hitzfeld habe ich gespürt, welchen positiven Einfluss ein Trainer auf das Gefüge einer Mannschaft haben kann. Zum einen verkörpert er eine Siegermentalität, zum anderen stellt er sich aber auch in den Dienst der Mannschaft. Das erlebe ich als sehr positiv.

Bei Bayer Leverkusen stimmte in der Saison 2001/2002 einfach die Mischung. Mit Butt hatte Reiner Calmund einen der besten Torwarte der Liga verpflichtet, Nowotny und Lucio bildeten eine „sichere Bank" in der Abwehr, im Mittelfeld hatten wir mit Ramelow und Ballack zwei Top-Spieler, die durch Toppmöllers Wunschspieler Bastürk noch verstärkt wurden, und im Sturm gehörten Kirsten und Neuville zum Top-Duo der Liga.

Jeder erfüllte eine bestimmte Aufgabe und gemeinsam lief es außerordentlich gut. Ich wurde in dieser Saison mit 17 Torvorlagen zum besten Vorbereiter der Liga. Auch in der Saison 2002/2003 bereitete ich beim FC Bayern einige sehr schöne Tore vor. Insgesamt legte ich elfmal für Tore auf. Ein Fachmagazin gab mir das Etikett „Der Uneigennützige". Eine Mannschaft besteht aus Individualisten, die dann erfolgreich sind, wenn sie ihre Stärken zum Wohl der Mannschaft einsetzen und gegenseitig ihre Schwächen ausgleichen. Es kommt dabei in erster Linie darauf an, mit welcher Haltung ich das Spielfeld betrete. Manchmal sind es nur Kleinigkeiten, die sich negativ auf die Leistung auswirken können. Es gibt ja häufig die von Trainern als billige Entschuldigung missverstandene Begründung für ausbleibende Erfolge: „Meine Spieler sind im Kopf nicht frei." Aber genau so ist es. Siege werden häufig schon vorher im Kopf entschieden.

Wie wird man zum besten Vorbereiter der Liga? Es kommt auf die eigene Haltung an. Ich gehe aufs Spielfeld mit dem festen Entschluss, der Mannschaft und den Mitspielern zu dienen. Ich will nicht um alles in der Welt die Tore selbst schießen. Es ist genug für mich, wenn ich schöne Tore vorbereite. Das bedeutet natürlich nicht, dass ich mich nicht überschwänglich freue, wenn auch ich mal ein Tor mache. In meiner Zeit bei Bayer Leverkusen durfte ich dieses Glücksgefühl, glaube ich, 15- oder 16-mal genießen. Mein Ziel in einem Spiel ist etwas anderes: Ich will die besten Pässe spielen, damit meine Mitspieler die Tore schießen können. Das Prinzip des Spiels ist doch ganz einfach: Jeder Spieler erfüllt eine bestimmte Rolle im Spiel. Ich zum Beispiel bereite Tore vor, die von anderen geschossen werden. Die Verteidiger sehen zu, dass wir hinten keine Tore reinbekommen, die Mittelfeldspieler halten das Spiel in Gang und versorgen mich mit Bällen, die ich dann weiter nach vorne gebe, damit die Stürmer sie im Netz unterbringen können. Jeder hat seine besondere Aufgabe. Wenn ich in ein Spiel gehe, dann will ich meine Aufgabe so gut wie möglich erfüllen. Jeder Spieler wird ja auch mit seinen besonderen Fähigkeiten bekannt. Stürmer setzen sich als Tormacher in Szene, ich als Vorbereiter, Verteidiger dadurch, dass sie gut verteidigen. Jeder hat seine besondere Funktion auf dem Platz. Aber hier zeigt sich, dass eine Mannschaft unterschiedliche Typen braucht. Was kann der beste Vorbereiter bewirken, wenn seine Flanken nicht verwertet werden können? Da hatte ich bei Bayer Leverkusen mit Michael Ballack, Ulf Kirsten und Oliver Neuville gleich mehrere dankbare Abnehmer meiner Pässe. Ich stand also gar nicht unter dem Druck, Tore schießen zu müssen.

Meine Einstellung zum Spiel erleichtert vieles für mich, denn ich will meinen Mitspielern wirklich dienen. Das ist reine Kopfsache. Alles andere erfolgt dann fast wie von selbst. Aber manchmal stehe ich mir auch selbst im Weg, mehr Tore zu erzielen. Wenn ich im Strafraum den Ball bekomme, suche ich zunächst einmal den besser postierten Mitspieler, an den ich flanken kann. Manchmal sind es nur Sekunden und schon ist die Chance auf ein Tor weg. Vielleicht sollte ich selbst öfter einmal einfach draufhalten.

Eine Top-Saison – trotz dreimal Vize

Wer will schon gerne Zweiter sein? Bayer Leverkusen kannte das Gefühl, wie es ist, kurz vor dem Ziel zu scheitern. Was aber die Saison 2001/2002 bringen sollte, war mit Sicherheit so noch nie geschehen. Wir starteten ganz gut und qualifizierten uns durch ein Unentschieden und einen 3:0-Sieg gegen Roter Stern Belgrad noch nachträglich für die Champions League. Dort wurden wir in eine Gruppe mit FC Barcelona, Olympique Lyon und Fenerbahce Istanbul gelost. Mit zwölf Punkten erreichten wir die Zwischenrunde. Ein ganz wichtiger Schritt für das Team.

Auch in die Bundesliga starteten wir nicht schlecht. Zwei Siege gegen Wolfsburg und Rostock, dann zwei Unentschieden gegen Bayern und Schalke und schließlich wieder zwei Siege gegen unseren Lokalrivalen Mönchengladbach und gegen St. Pauli sicherten uns einen Platz weit oben. Leider zog ich mir im Spiel gegen Rostock einen Jochbeinbruch zu, sodass ich erst einmal außer Gefecht gesetzt war.

Toppmöller setzte auf mannschaftliche Geschlossenheit und auf echte Teamarbeit. Das Wort „Kameradschaft" bekam auf einmal wieder eine Bedeutung für uns Spieler. Es machte einfach wieder Spaß, in dieser Mannschaft zu spielen.

Auch er hatte viele Co-Trainer, aber die Hierarchie war klar, sodass wir Spieler immer wussten, wer uns was zu sagen hatte. Nach dem unruhigen Jahr zuvor war es wichtig, dass wieder etwas Ruhe in die Mannschaft kam. Da machte es auch nichts aus, dass Toppmöller in Bezug auf das Spielsystem mehrere Varianten ausprobierte und erfolgreich einsetzte. Ob 4-4-2, 3-4-3 oder 3-5-2, das Gesamtgefüge in der Mannschaft stimmte einfach. Der Trainer gab dann auch nicht die Meisterschaft als Saisonziel aus, sondern meinte: „Wir wollen einfach eine gute Saison spielen." Und die sollte es dann auch werden. Anfangs musste ich mich ein wenig umstellen, denn ich sollte defensiver spielen als bisher. Einige Spiele saß ich sogar aus taktischen Gründen auf der Bank. Diego Placente spielte für mich. Unser Trainer ließ mich später so spielen, wie es mir am besten lag. Ich durfte auf der linken Außenbahn hin- und hersprinten, wie ich wollte. Ball annehmen in vollem Lauf, Haken schlagen, Übersteiger rechts oder links, Gegenspieler aussteigen lassen und dann wie an einer Schnur gezogen den Ball in den Strafraum zirkeln, Fußball macht einfach Spaß! Aber ich hatte noch viel zu lernen und bin auch heute noch dabei. Die deutsche Spielweise ist so aufgebaut, dass jeder Spieler auch Deckungsaufgaben erfüllen muss. Also, ich spiele lieber nach vorne, als mich an die Fersen meines Gegenspielers zu heften. Aber ich sehe inzwischen ein, dass die Abwehr schon in der gegnerischen Hälfte beginnt. Die Verbindung von Technik und deutscher Athletik zu verstehen, fiel mir anfangs sehr schwer. Inzwischen weiß ich, dass ein gutes Dribbling nicht alles ist. Vogts mäkelte immer ein bisschen, dass ich nach seiner Ansicht im läuferischen Bereich an mir arbeiten müsse.

Kontinuierlich gute Leistungen habe ich im Bayer-Dress, so glaube ich, erst unter Toppmöller gebracht, und das, obwohl ich zunächst im taktischen System anders eingesetzt wurde, als ich es gewohnt war. Auf der linken Seite ergänzten Diego Placente und ich uns sehr gut. Diego äußerte sich, nachdem ich zu Bayern München gegangen bin, sehr positiv über unsere Zusammenarbeit. Er meinte: „Zé war der beste Mitspieler, den ich in meiner Karriere hatte. Wir haben uns auf der linken Seite nahezu blind verstanden. Ich musste ihn abdecken, weil er nach vorne unglaubliche Sachen machte. Er war der Künstler, ich sein intelligenter Schatten."

Wir spielten eine großartige Hinrunde und wurden schließlich vor Borussia Dortmund Herbstmeister. Wir verloren nur die Spiele gegen Werder Bremen und Hertha BSC Berlin. Auf heimischem Platz haben wir in dieser Saison kein einziges Spiel verloren. Dass uns der Fußball wieder Spaß machte, zeigten auch die Ergebnisse. Mehrmals erzielten wir vier Tore im Spiel. Gerne erinnere ich mich an die Siege gegen Freiburg und den Hamburger SV. Beim 4:2-Sieg gegen den 1. FC Nürnberg traf ich auf meinen Freund Cacau. Natürlich war es ein besonderes Spiel für uns, denn wer würde wohl besser spielen? In der 26. Minute schoss Cacau die Nürnberger in Führung. Das konnte ich nicht auf uns sitzen lassen. Im direkten Gegenzug schoss ich den Ausgleich. Das muss ihn offensichtlich etwas geärgert haben, denn kaum kamen wir aus der Halbzeitpause, brachte er die Nürnberger schon wieder in Führung. Schließlich gingen wir dann mit einem satten Sieg vom Platz, und so war die Welt wieder geradegerückt!

Im DFB-Pokal lief es für uns in dieser Saison auch sehr gut. Mit Siegen gegen Regensburg, Bochum, Hannover und München 60 standen wir plötzlich im Halbfinale. Noch ein Spiel, und dann könnten wir vom Pokalsieg im Endspiel in Berlin träumen. Und wie es das Schicksal manchmal so will, wurde uns für dieses Halbfinale der 1. FC Köln zugelost. Das war schon ein Hammer. Es war ein absolutes Kampfspiel, das nach 90 Minuten noch nicht entschieden war. Wir mussten in die Verlängerung. Schließlich hatten wir den längeren Atem und siegten durch Tore von Zivkovic und Schneider. Am 11. Mai standen wir dann im DFB-Pokalfinale im Berliner Olympiastadion.

Szenenwechsel Champions-League: Nachdem wir die erste Gruppenphase als Gruppenzweiter abgeschlossen hatten, galt es in der Zwischenrunde gegen Top-Clubs zu bestehen. Es ist immer die Frage, ob man sich nun freuen soll oder erst gar nicht hinfahren sollte, wenn man Gruppengegner wie meinen Lieblingsverein Deportivo LaCoruna oder auch Juventus Turin und Arsenal London zugelost bekommt. Es glich einem Fußballwunder, dass wir diese Zwischenrunde als Gruppenerster abschlossen. Nach dem ersten Spiel gegen Juventus Turin hatten uns viele schon abgeschrieben. Schließlich hatten wir in Turin eine 4:0-Schlappe erleiden müssen.

Im Viertelfinale ging es dann an die berühmte Anfield Road in England, wo der FC Liverpool beheimatet ist. Wir wurden mit einer 0:1-Niederlage nach Hause geschickt, konnten uns aber trotzdem auf ein Weiterkommen einstellen. Wir hatten eine realistische Chance, die wir dann im Rückspiel zu Hause auch mit einem 4:2-Erfolg wahrnahmen.

Im Halbfinale wartete ein fast übergroßer Gegner auf uns: Manchester United. Wir erinnerten uns an den Sieg in letzter Minute von Manchester gegen Bayern München. Manchester ist immer eine Herausforderung und „Old Trafford" löst immer gemischte Gefühle aus. Wir mussten zuerst auf die Insel. Vor solchen Spielen kommt meistens ein ganz eigenartiges Gefühl in mir auf. Es kribbelt schon Tage vor der Begegnung und es ist großartig, dann endlich auf dem Rasen zu stehen und loslegen zu können. Mit Sicherheit waren wir in dieser Begegnung nicht der Favorit. Toppmöller wollte die Sache wohl auch erst mal etwas vorsichtig angehen, denn unsere einzige Sturmspitze war Berbatow. Die Engländer machten von Beginn an mächtig Druck, als wollten sie uns nach 20 Minuten vom Platz fegen. In der 29. Minute war es dann unser eigener Spieler Zivkovic, der den Ball ins eigene Netz lenkte. Jetzt war klar, dass wir offensiver werden mussten, wollten wir an diesem Abend überhaupt noch eine Chance haben. Ballack gelang der Ausgleich. Eine Super-Ausgangslage für das Rückspiel, denn in der Champions-League sind Auswärtstore doppelt wichtig.

Motivation kann manchmal aber auch in Über-Motivation enden. Ich weiß auch nicht mehr genau, was mich geritten hat, als ich van Nistelrooy in unserem Strafraum zu Fall brachte. Der Pfiff brachte die Realität in mein Bewusstsein, dass wir jetzt mit Sicherheit wieder hinten liegen würden. Selten lässt sich eine englische Mannschaft ein Elfmetertor entgehen. Der Gefoulte schoss selbst – die Engländer hatten Grund zum Jubeln.

In diesem Spiel zeigte sich aber, was es bedeutet, ein Team zu sein. Jeder hängte sich für den anderen rein. Wir brachten uns selbst wieder ins Spiel und schließlich gelang uns der Ausgleich. Zwei Tore auf gegnerischem Platz zu erzielen, das war bereits die halbe Miete. Und so gingen wir eine Woche später sehr zuversichtlich ins Rückspiel. Zu Hause spielten die Taktik und die Kampfkraft eine entscheidende Rolle. Natürlich war die Bay-Arena ausverkauft und die Fans peitschten uns nach vorne. Diese Saison hatte auch bei den Zuschauern eine bisher nicht gekannte Begeisterung für die Mannschaft ausgelöst. Die Briten gingen mal wieder in Führung, aber noch vor der Halbzeit glich Neuville aus. Die Engländer wollten unbedingt gewinnen – und wir wollten auf keinen Fall verlieren. Das machte es spannend. Mehrmals mussten wir auf der eigenen Torlinie retten. Nach 90

Minuten war der größte Erfolg in der Vereinsgeschichte von Bayer Leverkusen besiegelt: der Einzug ins Finale der Champions League.

Dieser Einzug musste aber teuer bezahlt werden, denn unser Kapitän, Jens Nowotny, verletzte sich so schwer, dass er für den Rest der Saison ausfallen würde. Leider hatte das Spiel auch für mich eine äußerst ärgerliche Folge. Ich handelte mir die 3. Gelbe Karte ein und das bedeutete: Finale ohne Zé Roberto. Ich hätte sehr gerne wieder gegen Real Madrid gespielt, aber das konnte ich jetzt vergessen.

DFB-Pokal-Finale, Champions-League-Finale und in der Meisterschaft vorne, was wollten wir mehr? Eine Traumsaison! Dann kam der 27. April und wir verspielten ausgerechnet bei meinem Freund Cacau die erste von drei Möglichkeiten. Wir hatten bis dahin eigentlich eine äußerst gute Saison gespielt. Zehn Spiele in Folge hatten wir nicht verloren. Am 32. Spieltag unterlief uns dann die erste Niederlage seit langem in Bremen. Wir hatten in Nürnberg also etwas gutzumachen und wollten natürlich unbedingt gewinnen. Wenn's für rheinische Clubs zum Saisonende in fränkisch-bayerische Gefilde geht, dann sieht's leider oft schlecht aus. Im voll besetzten Frankenstadion ging Nürnberg in der 23. Minute in Führung. Und dabei blieb's bis zum Abpfiff. Wieder einmal gingen wir im Süden traurig vom Platz. Borussia Dortmund besiegte den HSV mit 4:3 in Hamburg und lag damit in der Tabelle einen Punkt vor uns.

Alle Hoffnungen wurden auf den letzten Spieltag gesetzt, aber das 2:1 gegen Hertha reichte nicht, denn Dortmund machte zu Hause mit einem Sieg gegen Bremen die Meisterschaft klar. Erste Titelchance vorbei. Die Hoffnungen stützten sich nun auf das DFB-Pokalfinale gegen Schalke 04 am 11. Mai.

Schalke hatte im vergangenen Jahr den Pokal ins Ruhrgebiet geholt und wollte ihn natürlich um alles in der Welt verteidigen. Das Ende ist bekannt: 4:2 für S04. Die zweite Titelchance war hinüber.

Konnten wir wirklich nur der ewige Zweite sein? Eine solche Situation ist für Spieler und Trainer die reine Katastrophe. Wir Spieler wollten gewinnen. Bis zum Schluss ist es eine grandiose Saison gewesen. Wir spielten einen wirklich tollen Fußball, und wenn ich daran denke, dass diese Saison dazu geführt hat, dass Michael Ballack und ich vom FC Bayern München umworben wurden, dann war es auch für uns eine sehr gute Saison. Aber ganz ohne Titel dazustehen, was würde das bedeuten?

Nach den beiden verpatzten Chancen wollten wir die Saison nun mit dem Gewinn der Champions League krönen. Fünf Tage nach der Niederlage im Pokal-Finale galt es nun in Glasgow gegen Real Madrid zu gewinnen. Leider klappte auch das nicht, denn Real ging mit einem 2:1-Sieg vom Platz und wir saßen schon wieder mit hängenden Köpfen auf dem Rasen. Dazu kam die Nachricht, dass ich trotz einer überragenden Saison nicht mit der Nationalelf zur WM nach Japan/Süd-Korea fahren würde. Es war alles schon etwas deprimierend.

Dreimal Vize-Titelträger in einer Saison, das hatte es zuvor wohl auch noch nicht gegeben. Da half es auch nicht, dass wir uns sagen konnten, dass es für Bayer Leverkusen die beste Saison in der Vereinsgeschichte gewesen ist. Der Club kletterte in der Weltrangliste sogar auf Platz 2 hinter Real Madrid. Aber was nützen in solchen Momenten Statistiken?

Ich bin überzeugt, dass unser Trainer eine hervorragende Arbeit geleistet hat. Es war für den Club das erste Mal, dass er in drei Finalen stand. Wir hatten teilweise Fußball zelebriert und wurden von allen für die Spielkultur gelobt. Für Toppmöller selbst war es ein Riesenerfolg, denn schließlich war er vorher Trainer in der zweiten Liga gewesen und hatte nach allen Querelen aus Bayer Leverkusen ein Spitzenteam gemacht. Ich muss sagen, dass mir als Spieler nach dieser Saison der Kopf sehr schwer war. Unterhaching war schon wirklich übel, aber das hier war noch mal etwas ganz anderes. Dreimal im Finale und dreimal nur Zweiter zu werden, das muss erst mal verdaut werden. Doch Toppmöller zeigte in den Interviews wirklich Größe, als er unter anderem sagte: „Wer von Versagern spricht, kapiert nichts."

In dieser Zeit kam die Anfrage von Bayern München. Mein Berater, Juan Figer, hatte die Kontakte geschlossen. Zu diesem Zeitpunkt gab es noch Anfragen aus Italien und aus Spanien. LaCoruna war interessiert, Juventus Turin und der FC Liverpool wollten ebenfalls mitbieten. Für mich als Christ liegt meine Zukunft in Gottes Hand. Deshalb habe ich auch mit Gott besprochen, für welchen Verein ich mich entscheiden sollte. Die Entscheidung fiel auf den FC Bayern. Jetzt fragen sich einige Leser vielleicht, wie ich so etwas schreiben kann. Also, es ist kein Zettel vom Himmel gefallen, auf dem FCB stand. Ich bin auch nicht nachts aufgewacht und eine Stimme hat mir ins Ohr gehaucht: „Geh nach München!"

Es geht anders: Wenn Christen vor wichtigen Entscheidungen stehen, beten sie und bitten Gott, ihnen deutlich zu machen, was sie tun sollen. Es gibt Entscheidungen, die lassen einem keine Ruhe, weil man ahnt, dass sie falsch sind. Bei meiner Entscheidung, nach München zu gehen, war es genau anders herum. Mir war klar, dass dieser Weg für mich zu diesem Zeitpunkt richtig sein würde.

Wenn es nach meinen Wünschen gegangen wäre, würde ich heute bei Deportivo LaCoruna in Spanien spielen. Das Angebot war für mich als Spieler und auch für meine Familie absolut traumhaft. Spanien ist ein Land, wo Brasilianer es in jedem Fall leichter haben. Das Klima kommt uns mehr entgegen. Aber für diesen Weg bekam ich „kein grünes Licht von oben". Deshalb bin ich heute auch sehr zufrieden und glücklich mit der Entscheidung, weiter in der Bundesliga zu spielen. Die Saison 2002/2003 sollte für mich persönlich mit der Erfüllung weiterer Träume aufwarten.

Eine glücklichere Zukunft im Süden?

Trotz der Rivalität auf dem grünen Rasen gibt es gute Geschäftsbeziehungen zwischen Bayer und Bayern. So sind schon viele Spieler von Leverkusen zum FC Bayern München gewechselt. Darunter auch die Brasilianer Jorginho und Paulo Sergio, letzterer nach einem kleinen italienischen Intermezzo beim AS Rom. Auch andere Spieler wie die Brüder Nico und Robert Kovac oder Bernd Dreher hatten schon mal in Leverkusen gespielt. Mit Michael Ballack und mir wechselte im Sommer 2002 gleich ein aufeinander eingespieltes Doppelpack an die Isar. Wir waren nicht ganz billig, aber der Verein verspricht sich ja von solchen Investitionen auch etwas. Ich werde häufig gefragt, ob die Höhe der Ablösesumme ein zusätzlicher Druck für einen Spieler ist. Ja und nein, sage ich immer. Wenn man weiß, dass ein Verein durch den Kauf Vertrauen in einen Spieler setzt, dann versucht man, immer bessere Leistungen zu bringen. Seitdem ich beim FC Bayern spiele, versuche ich, mich möglichst kontinuierlich zu steigern. Nicht immer gelingt das und es sind auch mal schwächere Spiele dabei, aber ich versuche immer, mein Bestes zu geben. Ich möchte etwas von dem Vertrauen zurückgeben, dass die Verantwortlichen in mich setzen.

Die Medien sehen das natürlich etwas anders. Für sie ist es ein gefundenes Fressen, wenn ein Spieler, der eine hohe Summe gekostet hat, dann nicht sofort voll einschlägt. Sehr schnell sind sie mit Begriffen wie „Fehleinkauf" zur Stelle. Tatsächlich war mein Einstieg beim FC Bayern etwas holprig. Das Zusammenspiel klappte in den ersten Partien nicht so richtig. Ich verzettelte mich an der linken Seite, die Dribblings wollten mir nicht mehr so gelingen, wie es in der letzten Saison war. Selbst meine Flanken verfehlten das Ziel. Es sollte neun Spieltage dauern, bis ich mein erstes Tor für den neuen Verein erzielte. Dazu kam, dass meine „Rückendeckung" Lizarazu auch verletzt war und wir uns gar nicht einspielen konnten.

Aber Schwierigkeiten wird es immer geben. Wenn es sie nicht gäbe, würden wir auch keine Erfolge feiern können. Wenn wir über Schwierigkeiten stolpern und dann liegen bleiben, dann werden wir uns nicht vom Fleck bewegen. Für mich sind Probleme immer ein Anlass, meine Kämpfernatur auszupacken. Wenn ich es mir so richtig überlege, dann habe ich eigentlich immer irgendwelche Hürden zu überwinden gehabt. Das fing in Brasilien schon an, als es mich einige Mühe gekostet hat, regelmäßig zum Training zu gehen. Unsere Lebensbedingungen waren damals so schlecht, dass ich heute noch Müllbeutelverkäufer wäre, wenn ich damals nicht um meine Träume gekämpft hätte. Auch mein Einstieg ins Profigeschäft war nicht einfach, weil es immer wieder Funktionäre und Manager (und leider auch Trainer) gab, die andere Spieler vorzogen. Als junger Spieler muss man sich immer gegen erfahrene Spieler durchsetzen, sonst bleibt man auf der Strecke. Von meinen Schwierigkeiten bei Real Madrid habe ich ausführlich erzählt. Auch da musste ich einfach durch. Nochmals: Schwierigkeiten werden uns immer wieder im Leben begegnen, es kommt nur darauf an, welche Schlüsse wir daraus ziehen und wie wir damit umgehen. In solchen Momenten wird mein Vertrauen zu Gott immer stärker. Ich bin fest davon überzeugt, dass er sich um mich kümmert und nur das Beste für mich will.

Der Verein versucht auch alles, um einem neuen Spieler die

Eingewöhnungszeit zu verkürzen. Bei Bayer Leverkusen war es vor allem Reiner Calmund, der sich fast väterlich um mich gekümmert hat. Wenn du als Ausländer zu einem neuen Verein wechselst, gibt es immer einen, der sich besonders um dich kümmert. Das habe ich bei Real Madrid erlebt und auch in Leverkusen und München. Die Manager wissen sehr gut, dass die Eingewöhnungszeit wichtig ist. Beim FC Bayern habe ich jede nur erdenkliche Unterstützung bekommen. Es ist ein professionell durchstrukturierter Verein mit sehr freundlichen und liebenswerten Mitarbeitern. Wir haben einen Dolmetscher bekommen, jemand hat uns gezeigt, wo wir einkaufen können, und wir haben einen kleinen Crash-Kurs in „bayerischer Lebensart für Anfänger" bekommen.

Ich habe ja bereits gesagt, dass Fußball immer auch eine Angelegenheit des Kopfes ist. Dabei ist entscheidend, ob sich ein Spieler in seiner derzeitigen Lebenssituation wohl fühlt oder nicht. Da ist es wichtig, dass der Verein sich auch darum sorgt, wie es den Spielern außerhalb des Platzes geht. In München wird das vorbildhaft praktiziert. Der Verein hat ja auch einige Erfahrung mit brasilianischen oder südamerikanischen Spielern. Oft hat die Integration gut geklappt, manchmal auch nicht so gut, aber das Bemühen des Vereins geht deutlich darüber hinaus, den Spielern nur beizubringen, was „Messer, Gabel, Schere, Licht" bedeuten.

In München fand ich ein vorbereitetes Feld vor. Mit Jorginho, Elber, Sergio und Pizarro hatten sie jeweils südamerikanische Spieler verpflichtet, die schon in Europa gespielt hatten, bevor sie zum FC Bayern kamen. Mit Roque Santa Cruz holten sie einen damals 17-jährigen Spieler aus Paraguay, dessen Integration auch gut lief. Andere Spieler, die direkt aus Brasilien kamen, hatten da eher Probleme. Ich hörte, dass Anfang der 90er Mazinho und Bernado deutlich größere Schwierigkeiten hatten. Und Valencia aus Kolumbien wollte wohl auch nicht unbedingt die deutsche Lebensart lernen.

Der Ablauf einer typischen Arbeitswoche sieht folgendermaßen aus: Jeden Tag wird trainiert, sodass wir gut vorbereitet in das Spiel am Wochenende gehen können. Beim FCB wird normalerweise einmal am Tag trainiert, dienstags und mittwochs zweimal. Wenn wir sehr müde und kaputt sind, lassen wir uns massieren, damit die Muskeln in guter Verfassung sind für den nächsten Tag. Wichtig sind auch die Trainingslager normalerweise am Tag vor den Spielen. Wir bleiben zusammen und konzentrieren uns voll auf das nächste Spiel. Die medizinische Abteilung und der Koch geben uns den Speiseplan. Alles ist darauf ausgerichtet, uns körperlich und mental gut vorbereitet ins Spiel gehen zu lassen. In den Wochen, in denen wir in der Champions League spielen, wird ein bisschen weniger trainiert, damit wir nicht ausgepowert in die Spiele gehen.

Durch meinen Wechsel nach München hegte ich natürlich auch wieder Hoffnungen, endlich mal einen Titel gewinnen zu können. Bayern München war schon 17-mal Deutscher Meister. Dreimal hatte der Verein ein Double aus Meistertitel und Pokal geschafft. Mit Bayer Leverkusen hatten wir immerhin bereits ein Triple vollbracht, aber eben nur ein Vize-Triple. Ich hatte es einfach satt, zu kämpfen und zu kämpfen, um am Ende wieder nur Zweiter zu sein. Wenn mich jemand fragte, warum ich denn nun beim FCB spielte, flachste ich immer: „Um endlich mal einen Titel zu holen!" Außerdem war ich mir bei Bayern München sicher, dass die gemachten Versprechungen bei den Vertragsverhandlungen auch eingehalten wurden. Trainer Hitzfeld wollte mich haben und das war natürlich eine völlig andere Situation als bei meinem letzten Weltverein Real Madrid. Ich hatte nicht den Eindruck, in München als Bankdrücker verpflichtet worden zu sein. Der Präsident des Vereins, Franz Beckenbauer, hatte in einigen Interviews deutlich gemacht, dass er von meinen fußballerischen Fähigkeiten angetan war, und auch Karl-Heinz Rummenigge und Uli Hoeneß gaben mir zu verstehen, dass sie sich freuten, mich in München zu haben. So etwas ist gut fürs Selbstbewusstsein, und wie mehrfach erwähnt, braucht das ein Fußballer, um Spitzenleistungen bringen zu können. Bayern München ist ein Verein mit Siegermentalität, das habe ich schon in den ersten Tagen nach Trainingsbeginn gespürt. Für den Verein war es ein großes Risiko, praktisch die komplette Kreativabteilung im Mittelfeld zu tauschen. Zum gleichen Zeitpunkt wurden ja mit Ballack und Deisler weitere Top-Mittelfeldakteure verpflichtet. Und das, obwohl mit Salihamidzic, Scholl, Jeremies, Hargreaves, Kovac und Lizarazu bereits sehr gute Spieler vorhanden waren. Die bis dahin praktizierte und viel diskutierte Rotation machte mir keine Sorge. Ich hatte es ja gerade erst in Leverkusen erlebt, was es für einen Spieler bedeutet, wenn er jede Woche zweimal ran muss, weil der Verein in der Liga, im Pokal und in der Champions League beteiligt ist. Für mich war es eine Freude, ab jetzt mit so vielen guten Spielern zusammenspielen zu können. Der FCB ist einfach auf allen Positionen sehr gut besetzt.

Der größte Unterschied zwischen Leverkusen und München ist, dass der FC Bayern die Möglichkeiten hat, in erfahrene Spieler zu investieren. München kauft Spieler, die schon einen Namen haben. Leverkusen hilft Spielern, sich einen Namen zu machen. Für mich war es sehr gut, dass ich zunächst in Leverkusen gespielt habe. Es waren vier schöne Jahre. Aber heute bin ich froh, in München spielen zu können. Dieser Club hat einfach eine Meistermentalität.

Natürlich wird der Druck durch die bisherigen Erfolge nicht geringer. In München gehört die Meisterschaft zum Pflichtprogramm und unser frühes Ausscheiden in der Champions League in 2002 war katastrophal.

Tiefen und Höhen

Über Saisonziele wird in München eigentlich nie groß debattiert. Höchstens unterhalten sich die Fans darüber, ob es ein, zwei oder drei Titel in diesem Jahr werden. Es gab ganz wenige Jahre in der Bundesliga, wo Bayern München nicht zum Kreis der Titelfavoriten zählte. Kontinuierlich wird der Kader auf hohem Niveau gehalten und möglichst von Jahr zu Jahr verbessert. Wer zum FC Bayern geht, der muss mit einem gewissen Druck einfach umgehen können. Aber gerade das ist es, was ich mit Siegermentalität meine. Der ganze Verein ist auf Erfolg ausgerichtet. Und der Erfolg wird nicht daran festgemacht, dass man sich vielleicht für einen internationalen Wettbewerb qualifiziert oder nicht. Bayern München gehört in die europäische Spitze. Karl-Heinz Rummenigge, der Vorstandsvorsitzende der FC Bayern AG, forderte daher zu Beginn der Saison 2002/2003 „in jedem Fall einen Titel". Dass dabei die Blickrichtung zum Gewinn der Champions League ging, war jedem im Verein klar, denn „wir müssen unsere Ziele möglichst hoch ansetzen".

Vor der Saison 2002/2003 gab es viele Experten-Kommentare, wer in der Saison wie spielen wird und welche Spieler dabei eine herausragende Rolle spielen werden. Ausgerechnet mein alter Trainer von Real Madrid, Jupp Heynckes, widmete mir in einem Kommentar im „Kicker" einige Zeilen und schraubte die Erwartungen mit den Worten hoch: „Das verwöhnte Münchner Publikum darf sich auf einen weiteren exzellenten Individualisten freuen: Zé Roberto wird die Zuschauer mit seinen Tricks und Bewegungsabläufen, die in keinem Lehrbuch stehen, in Erstaunen versetzen. Dieser Brasilianer strahlt die pure Freude und Lust am Fußball aus, obendrein hat er gelernt, produktiv zu sein: Er bereitet effektiv vor und erzielt selbst Tore."

Für Letzteres muss ich meine Fans auf die nächste Saison vertrösten, denn leider gelang mir nur ein Tor. Aber ich konnte meiner Rückennummer entsprechend 11 Torvorlagen geben, und das hat mich natürlich auch gefreut.

Die Euphorie der WM, wo Deutschland völlig unerwartet gegen Brasilien, denen man es vorher auch nicht zugetraut hätte, im Endspiel spielte, sollte sich auf den Bundesliga-Start übertragen. Ich hatte ja ein wenig mehr Urlaub, weil ich nicht bei der WM war, und so hätte ich voll durchstarten können. Ich hatte mir natürlich einiges vorgenommen, denn die Super-Saison mit Bayer Leverkusen hatte mich spielerisch und im taktischen Verhalten nach vorne gebracht. Das wollte ich noch weiter ausbauen und nach Möglichkeit sogar steigern.

Unter Ottmar Hitzfeld habe ich noch mehr gelernt, wie wichtig die Disziplin im Spiel ist. Hier ist alles zielgerichtet. Ich kann zwar meine Dribblings ansetzen, wann ich will, aber sie müssen zielgerichtet sein. In unserem Spiel hat jeder seinen Platz. Meiner ist auf der linken Außenbahn. Ich glaube, es gäbe richtig Ärger, wenn ich mitten im Spiel auf einmal hinten rechts auftauchen würde, denn da habe ich nichts zu suchen. Das ist vielleicht der größte Unterschied zwischen Brasilianern und Deutschen, dass man in Deutschland ohne Disziplin keinen Fußball spielen kann. Das musste ich und muss es auch immer wieder neu lernen und umsetzen. Das bedeutet auch, dass ich mich an die Anweisungen des Trainers halte. In Leverkusen habe ich weiter vorne gespielt. Ich konnte also öfter in die Spitze gehen, während ich in München stärker aus dem Mittelfeld komme. Darauf musste ich mich erst mal mental einrichten. Die Wege wurden auf einmal länger und ich musste auch in der Defensive arbeiten. In Leverkusen war die Außenbahn mein Bereich, während ich in München auch häufiger in die Mitte ausweichen sollte. Doch bei aller Disziplin will ich mir natürlich auch in Zukunft den Spaß am Fußball erhalten und so manches Kabinettstückchen aus meiner Trickkiste holen.

Nachdem ich mich besser eingewöhnt hatte und meine Mitspieler besser kennen gelernt habe, lief es auch im Spiel immer besser. Wie bei Bayer Leverkusen mit Diego Placente habe ich beim FCB in Bixente Lizarazu einen erstklassigen Spieler auf meiner Seite. Wir verstehen uns immer besser und fangen langsam an, auf der linken Seite zu zaubern. Wir spielen uns die Bälle oft genau so zu, wie der andere sie braucht. Es macht großen Spaß, mit Bixente zusammenzuspielen. Er ist ein großartiger Mensch und ich hoffe, dass wir noch viele Spiele gemeinsam bestreiten werden.

Szenenwechsel: Champions League. Die Ziele waren klar gesteckt. Natürlich hatten wir mit dem AC Mailand, La Coruna und dem RC Lens eine besonders starke Gruppe erwischt, aber dass es so enden würde, hätte keiner im Verein gedacht. Am 13. November 2002 war es endgültig besiegelt: Der FCB spielte auf der internationalen Bühne keine Rolle mehr. Es war uns noch nicht einmal gelungen, im heimischen Stadion ein einziges Spiel der ersten Gruppenphase zu gewinnen. Selbst gegen den RC Lens reichte es nur zu einem 3:3. Zweimal gegen La Coruna verloren, zweimal gegen den AC Mailand verloren und gegen die Franzosen nur zwei Unentschieden, das war nicht nur zu wenig, das war die reine Katastrophe. Mit zwei lausigen Pünktchen landeten wir auf dem vierten Platz der Gruppe, und das bedeutete, dass wir noch nicht einmal im UEFA-Cup weiterspielen durften. Aus und vorbei. Internationales Geschäft servus. Der Schock saß tief und die Verantwortlichen im Management fanden deutliche Worte dafür. Mit so einer Pleite auf internationalem Parkett hatten sie nicht gerechnet. Im Gegenteil: Die Investitionen in neue Spieler waren ja gerade mit Sicht auf den internationalen Wettbewerb getätigt worden. Vor der Saison hatten wir fest damit gerechnet, dass in der Champions League alles möglich sein würde. An ein so frühes Ausscheiden hatten wir dabei allerdings nicht gedacht!

Was sollte nun werden? Freundschaftsspiele auf den Dörfern statt großer Kulisse in Old Trafford? Es würde also in dieser Saison kein Wiedersehen mit Real Madrid geben. Was macht man eigentlich an einem Dienstag- oder Mittwochabend, wenn man fest eingeplant hat, international zu spielen? Nun, es ist einfach kein gutes Gefühl, sich die Spiele zu Hause im Fernseher anzuschauen, statt aktiv mitzumischen. Wenn man so kläglich scheitert wie wir, dann ist es auch kein Trost, dass man sich nun besser auf die Meisterschaft und den Pokal konzentrieren kann. Auch unseren Fans war die Enttäuschung deutlich anzumerken. Der Druck wurde nicht kleiner, sondern verstärkte sich noch, denn nun war das Saisonziel klar: Meisterschaft und Pokal mussten an die Isar geholt werden.

Es macht Spaß, ein Meister zu sein

Der 30. Spieltag der Saison 2002/2003 wird mir wohl immer in Erinnerung bleiben. Denn an diesem Tag wurde ich endlich vom Vize zum Meister. Ein unglaubliches Glücksgefühl überkam mich, als wir in Wolfsburg vier Spieltage vor Saisonende mit einem 2:0-Sieg die 18. Deutsche Meisterschaft für den FC Bayern klarmachten. Ein weiterer Traum von mir ging an diesem Tag in Erfüllung! Nach drei Vize-Meisterschaften, einem Vize-Pokalsieg und dem zweiten Platz in der Champions League nun endlich einmal Meister zu sein, das war einfach unglaublich. Deswegen war ich ja zum FC Bayern gekommen, um endlich einen Titel zu gewinnen. Dass es mit dem DFB-Pokal dann auch noch klappte, erhöhte die Freude immens.

Ich hätte fast den Glauben an diesen Traum schon aufgegeben. Wenn man so oft dicht dran ist und dann immer wieder enttäuscht wird, fällt es schwer, daran zu glauben, dass der Traum jemals wahr werden würde. Wir konnten uns nach dem Ausscheiden aus der Champions League natürlich voll auf die Meisterschaft konzentrieren. Es hatte nach dem Spiel gegen Lens und dem desaströsen Abschied aus dem internationalen Geschäft ein richtiges Donnerwetter im Verein gegeben. Franz Beckenbauer, Karl-Heinz Rummenigge und Uli Hoeneß haben dermaßen auf den Tisch gehauen, dass wirklich jeder im Kader wusste, wo es in Zukunft langzugehen hatte. Sie waren fest davon überzeugt, dass Bayern München noch nie einen so gleichmäßig auf allen Positionen gut besetzten Kader hatte. Umso größer war die Enttäuschung. Für uns Spieler hatte das die Konsequenz, dass Ottmar Hitzfeld uns noch mehr als sonst trainieren ließ. Er brachte uns mit Sonderschichten voll auf Meisterkurs.

Mit dem souveränen Gewinn der 18. Deutschen Meisterschaft und dem vierten Double hatten wir uns zumindest einigermaßen rehabilitiert. Franz Beckenbauer fand dann auch in einer großen Boulevard-Zeitung versöhnliche Worte und lobte sogar die Einkäufe Michael Ballack und Zé Roberto. Ich fühle mich dadurch motiviert, in der nächsten Saison wieder mein Bestes zu geben, ja noch besser zu spielen. Nach dem etwas holprigen Start in München und der doch sehr gut verlaufenen Saison, glaube ich, dass wir auch international in der nächsten Spielzeit wieder voll angreifen werden.

Während die Meisterschaft schon sehr früh entschieden war, blieb es im Abstiegskampf bis zum letzten Spieltag spannend. Mittendrin war mein früherer Verein Bayer Leverkusen. Wer hätte das gedacht? Wie das passieren konnte, ist mir wirklich ein Rätsel. Vielleicht haben die Weggänge von Michael Ballack und mir sowie die psychologische Verfassung nach drei verpassten Titeln zur mentalen Schwäche beigetragen. Dazu kamen dann die verletzten Lucio, Nowotny und Kirsten. Es tat mir im Herzen weh, die dort unten in der Tabelle zu sehen. Im direkten Vergleich mussten wir im März 2003 innerhalb einer Woche zweimal gegen Leverkusen spielen. Da war kein Platz für das Herz, sondern die beiden Partien mussten einfach gewonnen werden. Im Pokal gewannen wir zu Hause mit 3:1 und zogen so ins Finale ein. Drei Tage später liefen die schon wieder gegen uns auf. Diesmal schlugen wir sie 3:0. Auch wenn es mir für meine früheren Kameraden Leid tat, aber ich war jetzt ein Münchner.

Für Klaus Toppmöller hat es mir sehr Leid getan, dass der schlechte Saisonverlauf dazu geführt hat, dass er in Leverkusen entlassen wurde. Er ist ein wirklich guter Trainer. Natürlich wurde ich von Reportern gefragt, ob ich froh wäre, in dieser Saison nicht mehr bei Leverkusen zu spielen. Ich kann nicht sagen, dass ich nicht froh war, denn da unten zu stehen macht noch weniger Spaß, als Vize-Meister zu werden. Ich habe ja vier schöne Jahre dort erlebt, und Bayer Leverkusen hat sich wirklich sehr um uns persönlich und um meine Familie gekümmert. Das Einzige, was in all den Jahren fehlte, waren Titel. Aber, um das abzuschließen: Ich freue mich sehr, dass Leverkusen nicht abgestiegen ist!

An einige Spiele aus der Saison erinnere ich mich sehr gerne. Zum Beispiel an den 13. Spieltag, wo wir zu Hause gegen Wolfsburg gespielt haben. An diesem Tag war ich besonders motiviert, legte für Santa Cruz ein schönes Kopfballtor auf und spielte richtig befreit auf. Später schrieb ein Fachmagazin: „Zé Roberto – der Lichtblick an einem trüben Novembertag." Die Taktik kam mir sehr entgegen, da wir sehr offensiv ausgerichtet waren. Es war kein tolles Spiel, aber für mich war es sehr wichtig, den Fans nach all den Kritiken zu zeigen, was ich kann, wenn ich gesund bin.

Ein anderes Spiel aus der Rückrunde behalte ich auch in guter Erinnerung. Am 25. Spieltag hatten wir im Ruhrgebiet beim VFL Bochum anzutreten. Dieses Spiel machte mir einfach Spaß und das war meinem Spiel deutlich anzumerken. Wir gingen mit einem 4:1 als Sieger vom Platz. Direkt nach der Halbzeitpause sprintete ich auf der linken Außenbahn, tänzelte zwei Bochumer aus und zirkelte den Ball auf Niko Kovac. Wenige Schritte später knallte er aus zwölf Metern den Ball unter die

Latte zum 3:0. Wir zeigten nach der Pause direkt, wer hier der Sieger sein würde.

Diese Saison lockte zehn Millionen Zuschauer in die Stadien. Ein Rekord. Andere Rekorde konnten ebenfalls verzeichnet werden. So blieb unser Torwart Oliver Kahn in dieser Saison 803 Minuten ohne Gegentreffer. Für ihn war es auch eine Genugtuung, am vorletzten Spieltag in München aus der Hand von Rudi Völler die Meisterschale überreicht zu bekommen. Er kannte das Gefühl zwar schon von vier vorherigen Meisterschaften, aber an so etwas kann man sich überhaupt nicht gewöhnen. Mein brasilianischer Freund Giovanne Elber holte sich die Torjägerkanone. Und unser Trainer Ottmar Hitzfeld komplettierte seine Titelsammlung mit den Titeln 20 und 21. Für mich waren es die ersten beiden in Deutschland.

Wenn ich das erste Jahr beim FC Bayern Revue passieren lasse, dann bin ich froh über den Verlauf. Das mit der Champions League war bitter, aber Meisterschale und Pokal haben es zumindest ein bisschen wett gemacht. Wir haben gezeigt, dass wir gewinnen können.

Schon am Ende der Träume?

Wenn sich so viele Träume im Leben erfüllen, reicht es dann nicht langsam mal? Ich hoffe, dass in diesem Buch klar geworden ist, dass ich die Erfüllung meiner Träume immer im Zusammenhang mit Gott sehe. Ich danke Gott, dass er mir viele Träume erfüllt hat, aber ich habe trotzdem noch einige. Zum Beispiel: Ich möchte mit dem FC Bayern München die Champions League gewinnen. Dazu ist es wichtig, dass ich meine Talente immer noch weiter entwickele. In Brasilien spielt man sehr viel mit dem Ball. In Deutschland habe ich gelernt, taktisch zu denken und auch Defensivaufgaben zu übernehmen. Wir Brasilianer denken beim Fußball immer an den Ball, die Deutschen denken an Raumdeckung, Zweikampf und Taktik. Ich will immer noch vieles ausbauen und möchte immer besser werden. Insofern ist für Euphorie kein Platz. Ich möchte mich noch steigern und das Zusammenspiel mit meinen Mannschaftskameraden noch verbessern.

Lernen, das ist es, was ich auch jungen Fußballspielern empfehlen würde. Aber nicht unbedingt nur auf dem Fußballplatz, sondern vor allem in der Schule. Jeder träumt und sollte seinen Träumen nachjagen, aber es kann auch durchaus vorkommen, dass Träume nicht wahr werden. Dann ist es gut, wenn man etwas gelernt hat, das einen am Leben erhalten kann. Deshalb ist die Schule sehr wichtig.

Wer im Fußball weiterkommen will, der sollte auf seinen Trainer hören, denn der Trainer ist derjenige, der dich weiterbringen kann. Er kann dir etwas beibringen. Und ein weiterer Tipp für junge Spieler ist: Lernt von den anderen. Schaut euch an, wie die Stars spielen, welche Tricks sie können und wie sie trainieren.

Wenn ich einmal nicht mehr aktiv bin, möchte ich gerne Straßenkindern die Möglichkeit geben, professionell Fußball zu spielen. Natürlich möchte ich bis dahin noch viele schöne Spiele machen und so manchen Traumpass auflegen. Noch gibt es einige Träume, die ich habe: Bei der WM 2006 in Deutschland würde ich gerne mit Brasilien spielen. Es wäre für mich ein besonderes Erlebnis, eventuell mit Brasilien gegen Deutschland zu spielen. Und bei aller Freundschaft würde ich dann gerne an Oliver Kahn vorbei den Ball im Netz versenken. Diese WM wird mit Sicherheit etwas ganz Besonderes. Ich hoffe, dass ich gesund bleibe und dann mit dem brasilianischen Nationalteam auflaufen kann.

Noch ein weiterer Wunsch bewegt mich: Ich möchte immer das tun, was Gott für mein Leben für richtig hält. Denn er hat mein Leben bisher in jeder Beziehung reich gemacht. Als ich angefangen habe, das zu schätzen, was in der Bibel steht, hat Gott auch angefangen, meine Träume zu schätzen. Und er hat viele meiner Träume wahr werden lassen. Ich habe immer geträumt, aber bevor ich eine Beziehung zu Gott hatte, war die Erfüllung meiner Träume immer sehr weit weg. Als ich angefangen habe, Gott ernst zu nehmen, hat Gott sich an die Erfüllung meiner tiefsten Träume begeben. Ich wollte immer Fußballprofi werden und heute spiele ich bei einem der besten Vereine der Welt.

Ich führe das darauf zurück, dass ich mit Gott ernst gemacht habe und seitdem meine Lebensgestaltung auf ihn ausrichte. Ab diesem Zeitpunkt hat Gott mein Leben verändert und ich kann es dankbar aus seiner Hand nehmen.

Steckbrief

Zé Roberto

Bürgerlicher Name:	José Roberto da Silva Junior
Geburtsdatum:	6. Juli 1974
Nation:	Brasilien
Größe:	172 cm
Gewicht:	71 KG
Trikot-Nr.:	11
Schuhgröße:	8
Position:	Mittelfeld, offensives Mittelfeld
Augenfarbe:	braun
Schulabschluss:	Hauptschulabschluss
Hobbys:	Musik, Familie
Lieblingsbuch:	Die Bibel
Motto:	Meine Kraft liegt in Jesus

Vereine

1981 bis 1993	Pequeninos de Joquey
1994 bis 1997	Portuguesa Sao Paulo
März 1997 bis Dezember 1997	Real Madrid
Januar 1998 bis Juli 1998	Flamengo Rio de Janeiro
1998 bis 2002	Bayer Leverkusen
Ab Saison 2002/2003	FC Bayern München

Spiele & Tore

Portuguesa Sao Paulo	61 Ligaspiele / 1 Tor
Real Madrid	9 Ligaspiele / 0 Tore
Flamengo Rio de Janeiro	18 Ligaspiele / 0 Tore
Bayer Leverkusen	113 Ligaspiele / 17 Tore
FC Bayern München	31 Ligaspiele / 1 Tor
A-Länderspiele für Brasilien:	50 / 4 Tore

Erfolge

Weltmeisterschaft:
Vize-Weltmeister mit Brasilien in Frankreich 1998

DFB-Pokal:
Pokalsieger mit Bayern München 2003
Vize-Pokalsieger mit Bayer Leverkusen 2002

Bundesliga:
Deutscher Meister mit Bayern München 2003
Vize-Meister mit Bayer Leverkusen 1999, 2000 und 2002
4. Platz mit Bayer Leverkusen 2001

Danksagung

Zé Roberto dankt der Übersetzerin Sonia Riemer für die gute Zusammenarbeit bei diesem Projekt, Stephan Volke für den deutschen Text und die Gesamtkonzeption des Buches und Stefan Zahn für die organisatorische Mitarbeit.

Eine unverhoffte Wiederkehr

Adrian Plass
Der Besuch
Hardcover, 80 Seiten
ISBN 3-87067-892-5

Es ist keine bedeutende Gemeinde, die sich der Gründer der Kirche für seinen Besuch ausgewählt hat. Und wie schon vor 2000 Jahren hält er sich wieder nicht an die Spielregeln und zeremoniellen Abläufe. Für die einen wird er zum Stein des Anstoßes, für die anderen zum Retter und Befreier...

Die tief bewegende Geschichte einer unverhofften und unerwarteten Wiederkehr, die das Herz eines Menschen und die Grundfesten ganzer Kirchen erschüttern kann.

VERLAG + MEDIEN